高等院校**电子商务类**
"十三五"新形态规划教材

电子商务技术系列

电子商务
多媒体制作技术与应用

微课版

李莉 楚晓娟 莫新平 / 主编

王建伟 陈镜羽 兰雪葭 / 副主编

人民邮电出版社

北 京

图书在版编目（CIP）数据

电子商务多媒体制作技术与应用：微课版 / 李莉，
楚晓娟，莫新平主编. -- 北京 ：人民邮电出版社，
2019.4（2023.1重印）
高等院校电子商务类"十三五"新形态规划教材. 电
子商务技术系列
ISBN 978-7-115-50855-3

Ⅰ．①电… Ⅱ．①李… ②楚… ③莫… Ⅲ．①电子商
务—高等学校—教材②多媒体技术—高等学校—教材
Ⅳ．①F713.36②TP37

中国版本图书馆CIP数据核字（2019）第033393号

内 容 提 要

图像、声音、视频是组成多媒体的 3 个重要元素，它们也是电子商务时代进行品牌、商品推广和营销不可或缺的部分，具有形象、直观的特点，使用它们可快速与消费者建立联系。本书主要讲解了多媒体技术的相关概念，以及图像素材处理、音频录制与编辑、视频录制与剪辑等知识，涉及美图秀秀、Fotor、Photoshop、Audition、GoldWave、Camtasia Studio、爱剪辑及会声会影等多个多媒体设计软件。本书最后还安排了综合技能实训内容，进一步提高学生对知识的应用能力。

本书采用项目任务教学法，每个任务主要由任务目标、任务实施和相关知识 3 个部分组成。每个项目最后添加了扩展知识，引申出其他相关的多媒体设计软件，或多媒体设计技巧与设计思路等，并安排有相应的课后练习。本书着重培养学生的实际应用能力，将职业场景引入课堂教学，让学生提前进入工作角色。

本书适合作为高等院校、职业院校计算机应用、多媒体设计与制作、电子商务等相关专业的教材，也可作为各类培训学校的教材，同时还可供多媒体爱好者自学使用。

◆ 主　　编　李　莉　楚晓娟　莫新平
　　副 主 编　王建伟　陈镜羽　兰雪葭
　　责任编辑　古显义
　　责任印制　马振武

◆ 人民邮电出版社出版发行　　北京市丰台区成寿寺路 11 号
　　邮编　100164　电子邮件　315@ptpress.com.cn
　　网址　https://www.ptpress.com.cn
　　涿州市京南印刷厂印刷

◆ 开本：787×1092　1/16
　　印张：15.5　　　　　　　　　2019 年 4 月第 1 版
　　字数：346 千字　　　　　　　2023 年 1 月河北第 7 次印刷

定价：49.80 元

读者服务热线：（010）81055256　印装质量热线：（010）81055316
反盗版热线：（010）81055315
广告经营许可证：京东市监广登字 20170147 号

前言　PREFACE

　　随着计算机应用技术和网络应用技术的成熟，以及电子商务的快速兴起，互联网成为各大商家及自媒体人争抢的推广与营销舞台。互联网中各大推广与营销平台的准入门槛都较低，形成了"人人可推广，处处皆营销"的局面，这为广大中小品牌提供了更大的便利，同时未来市场的竞争也将更激烈。

　　在新型的电子商务环境下，传统文字、图片的单一推广模式已不再盛行，取而代之的是文字、图片、音频、视频的综合体。推广和营销也不再是某些特殊人才才能具备的能力，灵活运用这些多媒体元素成为互联网时代人人需要具备的技能。这些技能也许要求不高，却可以增强自己的职场生存能力，如美化一张商品图、处理一个背景音乐、制作一个动画、编辑一个视频等。为了帮助广大读者快速、灵活地处理图片、声音、视频等多媒体元素，也为了帮助广大学生更好地适应这个社会的需求，我们特编写了本书。

本书内容

本书结合时下的主流技术和常用的应用软件，讲解了以下5个部分的内容。

- **多媒体技术概述（项目一）**：主要讲解多媒体技术的基础知识，以及图像、音频、视频素材收集和多媒体文件格式的转换。
- **图像处理（项目二至项目三）**：主要讲解使用简单的图像处理软件和Photoshop处理图像素材的实例，包括使用美图秀秀美化"人物"图像，使用Fotor在线设计工具设计淘宝店铺图，使用Photoshop处理商品图片、制作商品主图、制作宣传海报、设计首页效果图等相关知识与操作。
- **音频处理（项目四）**：主要讲解声音的录制与编辑实例，包括Audition、GoldWave音频编辑软件的相关操作。
- **视频处理（项目五至项目六）**：主要讲解视频素材的录制、剪辑、制作与导出，包括Camtasia Studio、爱剪辑视频编辑软件、会声会影的相关操作。
- **综合技能训练（项目七）**：通过案例的形式综合练习图像、音频和视频的制作。

本书特色

为了让读者更好地学习和使用相关知识，本书在前期策划及后期编写过程中均以读者的需求作为第一考虑因素。本书具有以下特色。

（1）可操作性和实用性相结合

本书在注重系统性和科学性的基础上，进一步突出了实用性及可操作性，以案例为导向讲解各个多媒体元素的制作与编辑方法。全书语言流畅，内容丰富，深入浅出。

在讲解过程中，书中还设置有"相关知识""扩展知识"版块，为读者提供了更多相关多媒体处理的操作知识，以及其他一些工具和应用软件，帮助读者拓展知识面，掌握解决问题的快速且有效的方法。

（2）配微课视频，供学生随时随地学习

本书提供微课、实例素材和效果文件，读者可通过扫描书中的二维码随时观看微课视频，也可以扫描右侧的二维码或通过www.ryjiaoyu.com网站下载本书的素材和效果文件等相关教学资源。同时，扫描封面上的二维码或直接登录"微课云课堂"（www.ryweike.com）后，用手机号码注册，在用户中心输入本书激活码（1579dc01），将本书包含的微课资源添加到个人账户，可获取永久在线观看本课程微课视频资源的权限。

书中素材和效果文件下载

本书的编者

本书由李莉、楚晓娟、莫新平任主编，王建伟、陈镜羽、兰雪莨任副主编。

由于编者水平有限，书中疏漏和不足之处在所难免，恳请广大读者及专家不吝赐教。

编者

2018年12月

目 录　CONTENTS

项目一　多媒体技术概述 ···········1

任务一　多媒体技术基础知识 ·········2
　一、任务目标 ··················2
　二、任务实施 ··················2
　（一）多媒体技术的定义和特点 ·····2
　（二）多媒体的关键技术 ·········3
　（三）多媒体技术的发展趋势 ······5
　（四）多媒体技术在电子商务中的
　　　　应用 ················6
　（五）多媒体技术的其他应用 ······8

任务二　多媒体图像设计基础 ········9
　一、任务目标 ··················9
　二、任务实施 ··················9
　（一）颜色模式 ··············9
　（二）色彩构成 ·············10
　（三）色彩搭配 ·············11
　（四）图像构图基础 ··········13
　（五）图像构图方法 ··········14
　（六）图像文件的获取方法 ·······17

任务三　多媒体音频处理技术
　　　　基础 ·················18
　一、任务目标 ·················18
　二、任务实施 ·················18
　（一）声音媒体的分类和要素 ·····18
　（二）认识音频数字化技术 ·······19
　（三）认识音频参数 ··········19
　（四）音频获取方法 ··········20

任务四　多媒体视频处理技术
　　　　基础 ·················20
　一、任务目标 ·················20
　二、任务实施 ·················20
　（一）认识视频制式标准 ········20
　（二）认识视频参数 ··········21
　（三）认识视频数字化技术 ·······22
　（四）视频获取方法 ··········23

任务五　多媒体文件格式的转换 ·····23
　一、任务目标 ·················23
　二、任务实施 ·················24
　（一）认识常见的多媒体文件格式 ···24
　（二）转换多媒体文件格式 ·······27

扩展知识——认识虚拟现实技术 ·····30

课后练习 ······················31

项目二　使用工具和软件快速处理
　　　　图像 ················33

任务一　使用美图秀秀美化人物
　　　　图像 ················34
　一、任务目标 ·················34
　二、任务实施 ·················34
　（一）打开图像文件 ··········34
　（二）调整图像大小 ··········35
　（三）调整图片的色彩 ········35
　（四）人物美容 ·············36

（五）添加文字与饰品 ·················· 37

（六）保存图像文件 ······················ 39

三、相关知识 ····························· 40

（一）添加边框 ···························· 40

（二）添加场景 ···························· 40

（三）拼图 ·································· 40

（四）九格切图 ···························· 41

（五）批量处理图片 ······················ 41

任务二　使用Fotor在线设计工具

设计图像 ······················ 42

一、任务目标 ····························· 42

二、任务实施 ····························· 43

（一）进入设计页面并添加背景 ······· 43

（二）导入并处理图片 ·················· 43

（三）使用贴纸 ···························· 44

（四）添加并处理文字 ·················· 47

（五）保存文件 ···························· 48

三、相关知识 ····························· 49

（一）自定义模板 ························· 49

（二）多页设计功能 ······················ 49

（三）投影的使用 ························· 49

（四）透明度的使用 ······················ 50

扩展知识 ——uupoop在线图片

编辑器 ·························· 50

（一）照片编辑器 ························· 50

（二）3秒抠图 ···························· 50

（三）海报、主图和公众号封面的

制作 ······························ 51

（四）GIF闪图制作 ······················ 51

课后练习 ································· 51

项目三　使用Photoshop处理

图像 ··························· 53

任务一　处理一组商品图片 ··········· 54

一、任务目标 ····························· 54

二、任务实施 ····························· 55

（一）打开图像文件 ······················ 55

（二）复制图层 ···························· 55

（三）矫正并裁剪图片 ·················· 56

（四）保存图片 ···························· 57

（五）使用修补工具 ······················ 58

（六）调整商品图片的色彩 ············ 58

（七）替换商品图片的颜色 ············ 59

（八）使用"快速选择工具"抠取

图像 ······························ 61

三、相关知识 ····························· 62

（一）判断商品图片调色的方法 ····· 62

（二）保证处理后的图片效果

不失真 ···························· 62

（三）让图片表达的信息更完整 ····· 62

（四）让营销图片表达更具创意 ····· 62

（五）处理商品图片需要注意的

问题 ······························ 62

任务二　制作"数据线"主图 ········· 63

一、任务目标 ····························· 63

二、任务实施 ····························· 63

（一）新建图像文件 ······················ 64

（二）渐变填充 ···························· 64

（三）使用图层蒙版 ······················ 65

（四）设置图层样式 ······················ 66

（五）使用文字工具 ······················ 66

（六）使用形状工具 ······················ 67

三、相关知识 ····························· 68

（一）商品主图规范 ······················ 68

（二）制作优质商品主图的技巧 ····· 68

任务三　制作宣传海报 ·············· 70

一、任务目标 ····························· 70

二、任务实施 ····························· 70

（一）使用滤镜添加纹理 …………… 70
（二）使用钢笔工具添加矢量蒙版 …… 71
（三）创建图层组 ………………… 72
三、相关知识 ……………………… 73
任务四 设计首页效果图 ………… 74
一、任务目标 ……………………… 74
二、任务实施 ……………………… 75
（一）制作通栏店招 ……………… 75
（二）制作轮播海报图 …………… 77
（三）分类模块的制作 …………… 79
（四）制作店铺优惠券 …………… 83
（五）制作首页页尾 ……………… 85
（六）切片与保存图片 …………… 86
三、相关知识 ……………………… 88
（一）设计的注意事项 …………… 88
（二）布局首页的要点 …………… 88
扩展知识 ………………………… 89
课后练习 ………………………… 90

项目四 录制与编辑音频 …………… 91
任务一 使用Audition编辑音频 …… 92
一、任务目标 ……………………… 92
二、任务实施 ……………………… 92
（一）录制声音 …………………… 92
（二）保存音频文件 ……………… 93
（三）打开音频文件 ……………… 94
（四）剪辑音频文件 ……………… 94
（五）编辑音频文件 ……………… 95
（六）创建多轨合成项目 ………… 96
三、相关知识 ……………………… 98
（一）强制限幅 …………………… 98
（二）延迟 ………………………… 98
（三）图示均衡器 ………………… 99
（四）镶边 ………………………… 99
（五）自适应降噪 ……………………100

任务二 使用GoldWave编辑
音频 ……………………100
一、任务目标 ………………………101
二、任务实施 ………………………101
（一）录制音频 ……………………101
（二）保存音频文件 ………………102
（三）打开音频文件 ………………102
（四）裁剪音频文件 ………………103
（五）调整音量 ……………………103
（六）调整音频效果 ………………104
（七）混合音频文件 ………………105
三、相关知识 ………………………106
（一）CD读取器 ……………………106
（二）提示点管理器 ………………107
（三）语音转换器 …………………107
扩展知识——音频文件的播放 ……108
（一）播放媒体文件 ………………108
（二）调整SRS WOW效果 …………108
（三）调整视频设置 ………………109
（四）在"媒体库"和"正在播放"
之间切换 …………………109
（五）将媒体文件添加到
"媒体库"中 ………………110
（六）创建播放列表 ………………110
课后练习 …………………………110

项目五 录制与剪辑视频 …………… 111
任务一 使用Camtasia Studio
录制屏幕视频 ……………112
一、任务目标 ………………………112
二、任务实施 ………………………112
（一）新建和保存项目 ……………113
（二）录制屏幕视频 ………………114
（三）编辑录制的视频 ……………115
（四）音频降噪 ……………………117

（五）设置鼠标指针效果 ·············119

（六）制作视频片头 ······················119

（七）导出视频文件 ······················124

三、相关知识 ······························126

（一）设置项目自动保存 ·············127

（二）工具选项设置 ······················127

（三）录制注意事项 ······················127

（四）Camtasia Studio允许导入的
文件类型和格式 ·············128

（五）添加字幕 ······························128

（六）设置动画效果 ······················129

（七）导入外部资源制作片头 ·······129

（八）将视频导出并直接上传到
网站 ···································130

任务二　使用爱剪辑编辑视频 ·······131

一、任务目标 ······························131

二、任务实施 ······························131

（一）导入视频素材 ······················131

（二）剪辑视频片段 ······················133

（三）制作视频过渡特效 ·············134

（四）视频复制与排序 ·················137

（五）添加背景音乐 ······················138

（六）导出视频 ······························139

三、相关知识 ······························140

（一）使用信息面板 ······················140

（二）叠加素材 ······························140

（三）画面调整 ······························142

（四）画面裁剪 ······························142

（五）制作MTV与卡拉OK视频 ·······142

（六）作品分享 ······························143

扩展知识——爱剪辑手机App ·······144

（一）添加视频片段 ······················144

（二）设置主题 ······························145

（三）设置转场效果 ······················145

（四）设置视频格式 ······················145

（五）编辑视频 ······························146

（六）添加背景音乐 ······················146

（七）导出视频 ······························146

课后练习 ·······································147

项目六　使用会声会影编辑视频···149

任务一　拍摄"清洗手机屏幕"
视频 ······························150

一、任务目标 ······························150

二、任务实施 ······························150

（一）通过摄像头录制视频 ·············150

（二）保存项目文件 ······················153

（三）使用手机拍摄视频 ·············153

（四）导入手机拍摄的视频 ·············156

三、相关知识 ······························157

（一）从移动设备导入视频 ·············157

（二）从数字媒体导入视频 ·············158

（三）扫描DV视频 ······················158

（四）屏幕录制 ······························159

（五）调整会声会影的界面显示 ·······160

（六）时间轴视图与故事板视图 ···160

任务二　编辑"清洗手机屏幕"
视频 ······························162

一、任务目标 ······························162

二、任务实施 ······························162

（一）裁剪视频 ······························162

（二）设置片头和标题 ·················165

（三）设置转场效果 ······················168

（四）添加字幕 ······························170

（五）设置背景音乐 ······················172

（六）导出视频 ······························174

三、相关知识 ······························175

（一）单素材修整 ·························175

（二）展开预览窗口裁剪视频 ·······176

（三）使用"多重修整视频"窗口

　　裁剪视频 ……………………176

（四）按场景分割视频 …………177

（五）校正视频素材 ……………178

（六）添加视频滤镜 ……………178

（七）抓拍快照 …………………179

（八）叠加素材 …………………179

（九）使用音量调节线调整音量 ……180

（十）导出视频的其他方式 ……180

扩展知识——Adobe Premiere …182

（一）标题栏 ……………………183

（二）菜单栏 ……………………183

（三）"项目"窗口 ……………183

（四）"时间线"面板 …………183

（五）"监视器"面板 …………184

课后练习 ………………………184

项目七　综合技能训练 …………185

任务一　制作网页广告 …………186

一、任务目标 …………………186

二、任务实施 …………………186

（一）制作广告背景 ……………186

（二）输入并编辑文字 …………189

（三）加入并编辑素材 …………193

三、相关知识 …………………196

（一）快速使用上一次的文件大小 ……196

（二）精确设置选区的大小 ………197

（三）精确调整选区边缘 ………197

（四）选区与图层及路径之间的

　　关系 ………………………197

（五）设计作品时关于图层应用

　　需注意的问题 ……………197

（六）平面构图的原则 …………198

（七）提升Photoshop创作能力的

　　思维和方法 ………………198

任务二　录制并编辑讲解音频 ……199

一、任务目标 …………………199

二、任务实施 …………………199

（一）录制音频 …………………200

（二）裁剪音频文件 ……………200

（三）设置音量效果 ……………202

（四）声音降噪 …………………204

三、相关知识 …………………204

（一）控制器中3个播放控制按钮

　　的区别 ……………………205

（二）剪切、复制与粘贴声音 ………205

（三）压缩器/扩展器 …………205

（四）均衡器 ……………………206

（五）文件格式转换 ……………206

任务三　录制与编辑软件操作

　　视频 ……………………207

一、任务目标 …………………207

二、任务实施 …………………207

（一）新建项目并录制视频 ………208

（二）裁剪录制的视频 …………209

（三）设置鼠标光标效果 ………214

（四）设置背景音乐 ……………214

（五）制作视频片头 ……………215

（六）导出视频文件 ……………219

三、相关知识 …………………220

（一）添加语音旁白 ……………220

（二）管理轨道 …………………220

任务四　制作商品展示视频 ………221

一、任务目标 …………………221

二、任务实施 …………………221

（一）设计片头内容 ……………221

（二）制作视频内容 ……………225

（三）设置背景音乐 ……………231

（四）导出视频 …………………233

三、相关知识 …………………234

（一）摇动与缩放视频画面 ………… 234

（二）设置图片边框 ………………… 235

扩展知识——处理视频前的准备

工作 ……………………… 236

（一）释放系统资源 ………………… 236

（二）释放磁盘空间 ………………… 236

（三）优化系统 ……………………… 236

（四）禁用磁盘上的写入缓存 ……… 236

（五）设置虚拟内存 ………………… 236

课后练习 ………………………… 237

项目一
多媒体技术概述

近年来，多媒体技术发展迅速，多媒体的应用渗透到人们生活、工作等各个方面。正因为如此，许多商家和企业在电子商务中纷纷运用多媒体技术，在企业形象宣传、产品推广营销及通信售后等方面获益匪浅。本项目将介绍多媒体技术的基础知识，帮助读者对多媒体技术有整体的认识，为以后的学习和工作打下扎实的基础。

课堂学习目标

● 熟悉多媒体技术基础知识

● 熟悉多媒体图像设计基础知识

● 熟悉多媒体音频处理技术基础知识

● 熟悉多媒体视频处理技术基础知识

● 掌握多媒体文件格式的转换方法

任务一　多媒体技术基础知识

多媒体技术就是将文本、图像、音频和视频等多种媒体数据信息通过计算机进行数字化采集、获取、压缩或解压缩、编辑和存储等加工处理，使它们建立一种逻辑连接，并集成为一个具有交互性系统的技术。简单地讲，多媒体技术就是使我们日常生活中的文本、图像、声音和视频能够通过计算机传播。

一、任务目标

为了达到预期的学习效果和学习目标，在开始学习具体的多媒体技术、软件之前，读者需要了解多媒体的基础知识，以便对多媒体有深刻的印象。本任务主要介绍多媒体技术的基础知识，帮助读者认识多媒体技术的定义、发展及应用，从而有助于之后的学习。

二、任务实施

从认识事物的顺序来分析，在本任务中，读者应先了解多媒体技术的定义和特点，以便对多媒体技术"是什么"有充足的认识；再了解多媒体技术的发展及应用，以便整体把握多媒体技术"向哪些领域发展""能做什么"。

（一）多媒体技术的定义和特点

多媒体译自英文的Multimedia一词。媒体在计算机领域中有两个含义：一个是指用来存储信息的实体，如软盘、硬盘和光盘等；另一个是指信息的载体，如文本、图形、图像、动画、音频和视频等媒体信息。根据国际电信联盟标准化部门（ITU-T）的建议，媒体可分为感觉媒体、表示媒体、表现媒体、存储媒体及传输媒体五大类。在五大类媒体中，表示媒体是核心，计算机通过表现媒体的输入设备将感觉媒体感知的信息转换为表示媒体信息，并存放在存储媒体中；计算机从存储媒体中取出表示媒体信息，再进行加工处理，然后利用表现媒体的输出将表示媒体信息还原成感觉媒体信息，展现给人们。

多媒体技术内容涵盖丰富，具有多样性、集成性、交互性、实时性、智能性和易扩展性等特点。这些特点决定了多媒体适用于电子商务、教学及通信等众多领域。

- **多样性**：是指综合处理多种媒体信息，包括文本、图形、图像、动画和音频、视频等。
- **集成性**：是指将不同的媒体信息有机地组合在一起，形成一个整体并与这些媒体相关的设备集成。
- **交互性**：是指用户可以介入到各种媒体加工、处理的过程中，从而更有效地控制和应用各种媒体信息。与传统信息交流媒体只能单向、被动地传播信息不同，多媒体技术方便了人们对信息的主动选择和控制。
- **实时性**：是指当多种媒体集成时，需要考虑时间特性、存取数据的速度、解压缩的速度及最后播放速度的实时处理。
- **智能性**：是指提供了易于操作、十分友好的界面，并使计算机更直观、方便及人性化。
- **易扩展性**：是指媒体信息可方便地与各种外部设备连接，实现数据交换、监视控制等功能。

（二）多媒体的关键技术

研制多媒体计算机的过程需要解决很多关键技术，如数据压缩与编码技术、数字图像技术、数字音频技术、数字视频技术、大容量信息存储技术、多媒体输入与输出技术和多媒体通信技术等。只有对这些技术有初步的了解后，读者才能形象地理解多媒体技术，为多媒体技术在电子商务、教学等方面的应用提供知识依据。

1. 数据压缩与编码技术

一幅352像素×240像素（pixel）的近似真彩色图像（15bit/pixel）在数字化后的数据量为352pixel×240pixel×15bit/pixel=1267200bit。在动态视频中，采用NTSC制式的帧率为30帧/秒，那么要求视频信息的传输率为1267200bit×30f/s=（3.8016E+07）bit/s。因此，在一张容量为700MB的光盘上存放视频信息，存储的动态视频数字信号所能播放的时间最长只有193.077s，即3.218分钟。由此可知，如果不采用压缩技术，一张700MB的光盘存放的动态视频数字信号只能播放3.218分钟。

提示

以计算机150Kbit/s的传输率计算，在没有压缩的前提下是无法处理3.8016E+07bit/s的大数据量的，因此必须采用数据压缩与编码技术。如果采用MPEG-1标准的压缩比50∶1，则700MB的光盘在同时存放视频和音频信号的情况下，其最大可播放时间能达到96分钟。

2. 数字图像技术

在图像、文本和声音这3种形式的媒体中，图像所包含的信息量是最大的。人们的知识大部分是通过视觉来获得的，而图像的特点是只能通过人的视觉感受，并且非常依赖于人的视觉器官。数字图像技术就是对图像进行计算机处理，使其中的信息更容易被人眼或仪器分辨和获取。

数字图像处理的过程包括输入、处理和输出。输入即图像的采集和数字化，就是对模拟图像信号进行抽样和量化处理后得到数字图像信号，并将其存储到计算机中以待进一步处理。处理是按一定的要求对数字图像进行诸如滤波、锐化、复原、重现及矫正等一系列处理，以提取图像的主要信息。输出则是将处理后的图像通过打印等方式展现出来。

3. 数字音频技术

多媒体技术中的数字音频技术包括声音采集及回放技术、声音识别技术和声音合成技术。这3个方面的技术在计算机的硬件上都是通过声卡实现的。声卡具有将模拟的声音信号数字化的功能，而数字声音处理、声音识别和声音合成则是通过计算机软件来实现的。

4. 数字视频技术

数字视频技术与数字声频技术相似，只是视频的带宽为6MHz，大于声频带宽的20kHz。数字视频技术一般应包括视频采集及回放、视频编辑和三维动画视频制作。视频采集及回放与音频采集及回放类似，需要有图像采集卡和相应软件的支持。

5. 多媒体专用芯片技术

专用芯片是多媒体计算机硬件体系结构的关键。为了实现音频和视频信号的快速压缩、解压缩和播放处理，需要大量的快速计算，只有采用专用芯片，才能取得令人满意的效果。多媒体计算机专用芯片可归纳为两种类型：一种是固定功能的芯片，另一种是可编程的数字信号处理器（Digital Signal Processing，DSP）芯片。

6．大容量信息存储技术

多媒体的信息量一般都比较庞大，这就需要大容量的信息存储设备来存储这些信息。目前主流的信息存储设备有光盘、硬盘和USB存储设备3大类。

- 光盘：光盘是用激光扫描记录和读取保存信息的一种介质。
- 硬盘：硬盘是计算机主要的存储媒介之一，容量以MB、GB及TB为单位。
- USB存储设备：指通过USB接口与计算机相连的外部存储设备。

7．多媒体输入与输出技术

多媒体输入与输出技术包括媒体变换技术、媒体识别技术、媒体理解技术和媒体综合技术。

- 媒体变换技术：是指改变媒体的表现形式。例如，当前广泛使用的视频卡和音频卡（声卡）都属于媒体变换设备。
- 媒体识别技术：是指对信息进行一对一的映像过程，如语音识别技术和触摸屏技术等。
- 媒体理解技术：是指对信息进行进一步的分析处理和理解信息内容，如自然语言理解、图像理解和模式识别等技术。
- 媒体综合技术：是指把低维信息表示映像成高维模式空间的过程。例如，语音合成器可以把语音的内部表示综合为声音输出。

8．多媒体通信技术

多媒体通信是多媒体技术和通信技术结合的产物，它突破了计算机、通信、广播和电视的界限，使计算机的交互性、通信的分布性和广播电视的真实性融为一体，向人们提供了诸如多媒体电子邮件、视频会议等全新的信息服务。

- 多媒体同步技术：在MPEG-1标准中，包含了MPEG视频、MPEG音频和MPEG系统3个部分。在音频、视频回放时，必须实现同步输出。多媒体信息同步有分层同步、时间轴同步和参考点同步3种方法。
- 多媒体传输技术：多媒体信息的传输以图像的传输为核心。多媒体信息传输技术主要包括静态图像传输、动态视频图像传输、图像信息的模拟信号A/D与数字信号D/A转换、模拟视频信号与数字视频信号的传输、图像信号的压缩编码及解码、调制与解调等多方面的技术。

9．多媒体软件技术

多媒体软件技术主要包括多媒体操作系统、多媒体素材采集与制作技术、多媒体数据库技术及超文本与超媒体技术4个方面的内容。

- 多媒体操作系统：是多媒体软件的核心，负责在多媒体环境下多任务的调度，保证音频、视频同步控制及信息处理的实时性，提供多媒体信息的各种基本操作和管理，具有设备的相对独立性与可扩展性。

- 多媒体素材采集与制作技术：素材的采集与制作主要包括采集并编辑多种媒体数据，如声音信号的录制编辑和播放、图像扫描及预处理、全动态视频采集及编辑、动画生成编辑和音/视频信号的混合和同步等。
- 多媒体数据库技术：是一种包括文本、图形、图像、动画、音频、视频等多种媒体信息的数据库。
- 超文本和超媒体技术：允许以事物的自然联系来组织信息，实现多媒体信息之间的连接，从而构造出能真正表达客观世界的多媒体应用系统。超文本和超媒体由节点、链及网络3个要素组成。节点是表达信息的单位，链将节点连接起来，网络是由节点和链构成的有向图。

（三）多媒体技术的发展趋势

随着多媒体技术在各个领域的深入应用，计算机多媒体技术迅速发展起来。同时，技术水平的进一步发展，促使多媒体技术向着网络化、多元化和智能化的方向持续发展。

1. 网络化

随着网络的普及应用，多媒体技术也正朝着网络化的方向发展。多媒体技术网络化从根本上解决了多媒体文件处理、资料长期保存和图像视频的观看等问题。这其中最显著的一个技术就是流媒体技术，它促进了多媒体在网络上的应用。

流媒体是指用户通过网络或特定数字信道边下载边播放多媒体数据的一种方式。我们可以简单理解为流媒体就是多媒体文件在网络上传输的形式。在流媒体技术出现之前，人们需要先下载多媒体内容到本地计算机，才可以看到或听到媒体传达的信息。而流媒体出现之后，人们不需要下载整个文件就可以在向终端传输的过程中一边下载一边播放，在不同的带宽环境下都可以在线欣赏到连续不断的高品质的音频、视频节目，从而实现沟通和传播的多向性，使传播不再受时间和空间的限制。

2. 多元化

多媒体技术的多元化发展趋势，一方面是指多媒体技术从单机到多机的过渡，从单机系统向以网络为中心的多媒体应用过渡；另一方面是多媒体技术应用领域的多元化，可广泛应用在电子商务、教学、通信、医疗诊断等多个方面，在服务这些主体时，可以更多地以消费者为中心，根据消费者的个性化需求提供专业服务。例如，传统的多媒体广告，人们被动地接收广告信息，观看广告内容；而网络化的多媒体，如短视频、直播等广告形式，人们将主动选择感兴趣的内容，并在直播的过程中与企业互动，提出反馈意见等，实现个性化需求服务。

3. 智能化

计算机软硬件的不断更新，计算机的性能指标进一步提高，未来多媒体网络的环境要求增强，促使多媒体朝着智能化方向发展，不断提升处理文本、声音和图像等信息的能力，利用交互式处理及云计算弥补计算机智能不足的缺点。智能多媒体技术包括文字、语音的识别和输入，图形的识别和理解，以及人工智能等，如现在的网络电视、智能手机等产品，实现了视频的智能控制、信息的智能搜索与筛选等。

（四）多媒体技术在电子商务中的应用

进入21世纪，我国的电子商务迅速发展，网上购物、网上交易和在线电子支付及各种商务活动、交易活动、金融活动和相关的综合性服务活动正在火热地展开。传统图文的介绍、宣传形式不能形象生动地展示信息内容，缺乏互动性，已经不能满足消费者的需求。而多媒体技术具备实时、交互式地处理文本、图像、音频和视频等多媒体信息的功能，极大地改变了网站的表现形式和消费者网上购物的体验，因此电子商务的发展离不开多媒体技术的发展。

1. 多媒体技术在电子商务中的应用形式

有了多媒体技术的支持，商品信息才能进行多渠道发布。运用多媒体技术，商家可以在网页上发布大量关于商品的文字、图像、视频等信息，以更精美、优质的页面来展示商品，吸引消费者浏览。多媒体技术在电子商务中的应用形式十分多样，包括视觉媒体、听觉媒体、视听媒体和交互媒体。

- 视觉媒体：视觉媒体是电子商务最基本的媒体元素和应用形式，包括文字、图形和图像等。视觉媒体的数据量较小，可以简洁明了地向消费者传递商品信息，消费者可以用极少的时间和较快的速度进行信息的阅读和理解。

- 听觉媒体：声音具有丰富的直觉感、浓厚的感情色彩和艺术魅力，容易引起消费者的兴趣。利用声音向消费者传递信息，富有感染力。当消费者进入某个商务网站后，往往能听到与商务主题相呼应的动听的音乐，从而延长其在网站的停留时间，浏览更多的网站信息。电子商务中常用的音频文件格式有MID、WAV、WMA及MP3等。

- 视听媒体：视听媒体集视觉媒体和听觉媒体的功能于一身，通过有声、活动的视觉图像，形象逼真地传递企业品牌和商品信息，因此这种媒体常应用于电子商务商品的展示、宣传。电子商务中常用的视频文件主有AVI、MOV、ASF、RMVB、RM、Flash及MP4等格式。

- 交互媒体：交互媒体实现了受众与媒体或受众与受众间的互动。传统的展示方式往往只能单向性、被动地传播信息，受空间、时间所限只能在特定范围内进行，消费者不能自主地了解内容。而在交互媒体下电子商务活动中，消费者将以一个主动参与者的身份加入到信息的加工处理和发布之中。交互媒体技术以超链接为代表，消费者可以通过超链接完全自主地按照自己的兴趣和需求了解和使用信息。

2. 多媒体与电子商务网站页面设计

运用多媒体技术，商家可以在网页中以更精美、优质的页面来展示大量关于商品的文字、图像、视频等信息，吸引消费者浏览。电子商务网站页面的魅力是综合多媒体技术得以实现的，因此，要想为消费者提供一个与企业交流的平台，就必须将多媒体技术与电子商务网站合理地结合起来。

在设计电子商务网站的页面时，将多媒体元素融入其中，需要遵循主体突出、形式与内容统一的原则，即多媒体的使用不仅在于外观的精美，更应该具有实际的意义，与品牌和产品有所联系。同时，多媒体的内容应该简练，避免过于注重外观效果，忽略消费者浏览、下载信息所花费的时间和精力。

3. 电子商务与多媒体营销

随着移动互联网和多媒体技术的发展，多媒体营销逐渐成为企业进行网络营销的主流方式。多媒体营销对产品和品牌内容的表现更加直观，是集文字、声音和图像于一体的营销手段，能快速吸引消费者眼球，给消费者带来强烈的视觉冲击力和可视化感受，它凭借超强的传播力和影响力，广泛应用于个人或企业营销的多个领域。

多媒体营销包括图片营销、视频营销和直播营销这几种主流方式。互联网上几乎所有的媒体都可以通过图片进行分享互动。与文字相比，图片更具美感，图片传达的信息更加直接，使人一目了然；视频广告以"图、文、声、像"的形式传送多感官的信息，比其他单纯的文字或图片广告更能体现出差异化。在文字、图片和视频这3种形式中，视频对人的感官冲击力最大，一个内容价值高、观赏性强的视频，在让消费者全面了解企业产品的同时，还能够缩短消费者对产品产生信任的过程；而直播营销强有力的双向互动模式，可以在主播直播内容的同时接收观众的反馈信息，如弹幕、评论等。这些反馈中不仅包含产品信息的反馈，还有直播观众的现场表现，这也为企业下一次开展直播营销提供了改进的空间。图1-1和图1-2所示分别为图片营销广告和直播营销画面。

图1-1　图片营销广告　　　　　　　　图1-2　直播营销画面

4. 电子商务与多媒体通信

多媒体技术应用到通信领域中，主要是把电话、电视、传真、音响及摄像机等电子产品与计算机融为一体，由计算机完成音频和视频信号采集、压缩和解压缩、多媒体信息的网络传输、音频播放和视频显示。

多媒体网络技术的发展使通信变得简单，视频会议、可视电话和网上聚会交谈等日渐普及，商务磋商不再受到时间和空间的限制。将多媒体技术与电子商务系统相结合，不仅消除了一般网上商务磋商中的单调和乏味，而且能使双方在网络会议室里，利用自然语言、一段音频或一幅图像快速有效地检索到相关的政策法规、市场销售环境、产品供需状况、竞争对手和自身能力状况等各种信息，方便双方做出交易决策。

（五）多媒体技术的其他应用

多媒体技术的应用领域除了电子商务外，还包括多媒体教学、医疗诊断、远程监控和多媒体电子出版物等方面。

1. 多媒体教学

多媒体教学就是利用多媒体计算机综合处理和控制文字、符号、图形、动画、音频和视频等多媒体信息，把多媒体信息按照教学要求进行有机的组合，形成合理的教学结构并呈现在屏幕上，然后完成一系列人机交互操作，使学生在最佳的环境中学习。

利用多媒体技术，教师不仅能模拟物理和化学实验，而且能模拟出天文或自然现象等真实场景，还能十分逼真地模拟社会环境及生物繁殖和进化等。多媒体、虚拟现实和网络技术的发展已经将教学模拟推向一个新的阶段，各种形式的虚拟课堂、虚拟实验室及虚拟图书馆等与学校教育密切相关的新生事物不断涌现，这些新技术将成为教育工作者前所未有的强大工具和教学手段。

随着网络技术的发展，多媒体远程教学培训逐步完善，它包括两种模式：一种是非实时交互式远程教学模式，它是指学生利用多媒体网络随时调用存放在服务器上的文字、图像和语音等多媒体课件进行学习，适合有自主学习能力的学生使用，它属于以学生为中心的教学模式；另一种是实时交互式远程教学模式，它在较高的网络传输率下，添置摄像头、视频卡和话筒等，即可实现远程音视频信息的实时交流。这种教学模式将双向交流扩展到任何有网络的地方，使音视频实时交互，教学过程高质高效，自主选择学习内容等远程教育的优势真正得以体现，从而有条件达到"双主"教学模式。

2. 医疗诊断

医疗诊断经常采用实时动态视频扫描和声影处理技术等，如彩超、拍摄X光片等医学检查手段。而多媒体通信和分布式系统相结合出现了分布式多媒体系统，使远程多媒体信息的编辑、获取和同步传输成为可能，远程医疗会诊应运而生。远程医疗会诊就是以多媒体为主的综合医疗信息系统，使医生远在千里之外就可以为患者看病、开处方。对于疑难病例，各路专家还可以联合会诊，这样不仅为危重病人赢得了宝贵的时间，同时也为专家们节约了大量的时间。

3. 远程监控

多媒体技术的发展使监控系统集图像、声音和防盗报警于一体。监控系统还可以将数据存储以备日后查询，使原有的报警系统更为完善，被广泛应用于工业生产、银行安全监控和交通安全保障等方面。将监控系统与网络相连，还可以实现远程监控，并通过网络终端获取监控信息，调整监控参数等。

4. 多媒体电子出版物

电子出版物是指以数字编码方式将图、文、声和像等信息存储在磁、光及电介质上，它包括电子图书、电子期刊、电子新闻报纸、电子手册与说明书、电子公文或文献、电子画报、广告和电子声像制品等。多媒体电子出版物是指以图、文、声和像等多种形式表现并由计算机及其网络对这些信息进行统一的存储、传送、处理及再利用的电子出版物。

电子出版物具有容量大、体积小、成本低、检索快、易于保存或复制及能存储图文声像信息等特点，如用一张光盘就可以装下一套百科全书的全部内容。多媒体技术在出版方面的逐渐普及，为用户的阅读提供了巨大的便利。首先，大量多媒体存储信息出现，各类电子出版物越来越多；其次，在信息检索中，以非线性的结构组织信息，为用户提供了友好的使用界面；最后，用户使用网络便可以遨游世界各国的数字图书馆，查找需要的信息。

任务二　多媒体图像设计基础

图形与图像是多媒体技术的重要组成部分，也是人们非常容易接收的信息媒体。常言道，"百闻不如一见"，这说明图形与图像是信息量极其丰富的媒体。一幅图画可以形象、生动及直观地表现大量的信息，具有文本和声音所不能比拟的优点。因此在多媒体应用系统中，用户灵活地使用图形与图像，可以达到事半功倍的效果。

一、任务目标

图像处理的基础包括图像的色彩及构图等。本任务通过介绍图像色彩的基础原理及图像色彩的搭配方法，培养学生在图片拍摄、创作中进行色系有效搭配的能力。通过学习图像的构图方法，学生可以理解不同构图方法带来的不同视觉效果，从而能够在构成图片时有的放矢，明确自己的需求，构成一张美观的图片。

二、任务实施

在拍摄或创作图片时，色彩的选择往往先于构图。先确认想表达的视觉效果，再选择合适的色彩搭配，最后通过合理的布局，即可成功创作或拍摄图片。

（一）颜色模式

在多媒体图像设计中，学生需要先对图像的颜色模式做简单的了解。图像的颜色模式就是定量颜色的方法。在不同的领域，人们采用的颜色模式往往不同，例如，显示器、投影仪这类发光物体用RGB模式；打印机这类吸光物体用CMYK模式；电视系统用YUV模式；从事艺术绘画的画家们习惯用HSB（色调、饱和度、亮度）模式等。下面介绍几种常见的颜色模式。

1. HSB模式

HSB是Hue（色相）、Saturation（饱和度）、Brightness（亮度）3个英文单词的字头。HSB模式是利用色相、饱和度、亮度来表示颜色，其中色相用于调整颜色，取值范围为0°～360°；饱和度是指颜色的深浅，其取值范围为0%（灰色）～100%（纯色），例如，同样是红色，也会因为饱和度的不同而分为深红或浅红；亮度是指颜色明暗程度，其取值范围为0%（黑色）～100%（白色）。

2. RGB模式

RGB是Red（红）、Green（绿）和Blue（蓝）3个英文单词的字头。

RGB图像由红色、绿色和蓝色3个颜色信息通道组成。其中每个通道使用8位颜色信息，该信息在0～255的亮度值之间变化，可以产生1 670余万种不同的颜色，足以配制再现这个绚丽多彩的世界。例如，计算机显示器、投影仪等，都是采用这种模式来混合不同颜色效果的。

3. CMYK模式

CMYK是Cyan（青色）、Magenta（洋红色）、Yellow（黄色）和Black（黑色）的缩写。为避免与蓝色混肴，黑色用K而非B表示。

CMYK是由青色、洋红色、黄色和黑色4种颜色组成的一种减法颜色模式，也是最佳的打印模式。CMYK与RGB颜色模式在本质上没有什么区别，只是产生色彩的原理不同。RGB产生颜色的方法称为加色法，CMYK产生颜色的方法称为减色法。

在处理图像时一般不采用CMYK模式，因为这种模式的图像文件占用的存储空间较大。此外，在该模式下，Photoshop提供的很多滤镜都不能使用。因此，人们只是在印刷时才将RGB颜色模式转换为CMYK。

4. Lab模式

Lab模式是由国际照明委员会（Commission International DelEclairage，CIE）在1976年公布的一种颜色模式。Lab模式由3个通道组成，其中，亮度分量L的取值范围为0～100，a分量代表了由绿色到红色的光谱变化，而b分量代表由蓝色到黄色的光谱变化，a和b分量的取值范围均为−120～120。

Lab颜色模式是Photoshop内部的颜色模式。例如，要将RGB模式的图像转换为CMYK模式的图像，Photoshop会在内部首先将其转换为Lab模式，再由Lab模式转换为CMYK模式。因此，Lab模式是目前所有模式中包含色彩范围（色域）最广的颜色模式，它能毫无偏差地在不同系统和平台之间进行交换。

在表达颜色范围上，处于第一位的是Lab模式，第二位的是RGB模式，第三位的是CMYK模式。Lab模式所定义的颜色最多，且与光线及设备无关，其处理速度相较于其他两种模式更快。

5. YUV模式

为了将彩色电视与已有的黑白电视兼容，人们需要将表示亮度和表示色彩的信号分开，黑白电视只处理亮度信号，略去色彩信号，这样就形成了YUV模式。其中Y表示亮度，U和V表示色差。所谓色差是指三原色信号分量与亮度信号之差。黑白图像只有Y信息，U和V都为0。这种色彩模式还可以利用人眼对彩色的敏感度低于对亮度的敏感度的视觉特性，将UV信息用较少的二进制位数表示，以较窄的频带传送。

（二）色彩构成

色彩是视觉系统对可见光的感知结果。从物理学上讲，可见光是指波长在380～780nm之间的电磁波。在这段可见光谱内，不同波长的光会引起人们不同的色彩感觉。光谱中将不能再分解的色光称为单色光（如红、绿和蓝光），将由单色光混合而成的光称为复色光（如白光）。

实际上，自然界中绝大多数的光源色都是由红（Red）、绿（Green）、蓝（Bule）三原色混合组成的。把红、绿和蓝3束单色光投射到白色的屏幕上相互叠加，可以看到：红+绿=黄，红+蓝=品红，绿+蓝=青，红+绿+蓝=白，其中"+"表示光的混合，"="表示左、右两边颜色和亮度一致。这种经过颜色混合相加产生新颜色的方法称为加色法。人们常常将红、绿、蓝称为色光三原色。

色彩由色相、明度及纯度3种属性构成。色相即各类色彩的视觉感受，如红、黄、绿、蓝等各种颜色；明度是眼睛对光源和物体表面的明暗程度的感觉，取决于光线的强弱；纯度也称饱和度，是指色彩鲜艳度与浑浊度的感受。在搭配色彩时，人们经常需要用到一些色彩的对比。下面对常用的色彩对比进行介绍。

- 明度对比：利用色彩的明暗程度进行对比。恰当的明度对比可以产生光感、明快感和清晰感。通常情况下，明暗对比较强时，页面显得清晰、锐利，不容易出现误差，而当明度对比较弱时，配色效果往往不佳，页面会显得柔和、单薄，形象不够明朗。

- 纯度对比：利用纯度的强弱形成对比。纯度较弱的对比，画面视觉效果也就较弱，适合长时间查看；纯度适中的对比，画面效果较和谐、丰富，可以凸显画面的主次；纯度较强的对比，画面效果较鲜艳明朗、富有生机。

- 色相对比：利用色相之间的差别形成对比。进行色相对比时需要考虑其他色相与主色相之间的关系，如原色对比、间色对比、补色对比、邻近色对比及最后需要表现的效果。其中，原色对比一般指红色、黄色和蓝色的对比；间色对比是指两种原色调配而成的颜色的对比，如红+黄=橙，红+蓝=紫；补色对比是指色相环中的一种颜色与180°对角的颜色的对比；邻近色对比是指色相环上的色相在15°以内的颜色对比。

- 冷暖色对比：从颜色给人带来的感官刺激考量，黄、橙和红等颜色给人带来温暖、热情和奔放的感觉，属于暖色调；蓝、蓝绿和紫给人带来凉爽、寒冷和低调的感觉，属于冷色调。

- 色彩面积对比：各种色彩在画面中所占面积的大小不同，所呈现出来的对比效果也不同。若在页面中使用了大面积的黑白色，则可在其中加入适当的红色和蓝色，起到协调和平衡视觉的作用。

（三）色彩搭配

无论是拍照还是制作一张图片，色彩的搭配都是重中之重。漂亮的颜色能使人赏心悦目，从而让人愿意为它停留更多的时间。

1. 主色、辅助色与点缀色

色彩的搭配并非随心所欲，它包括主色、辅助色及点缀色。通常情况下，色彩搭配的"黄金比例"为70∶25∶5，即主色色域占总面积的70%，辅助色占25%，而其他点缀色占5%。合理的配色比例能够使图片显得和谐，不会喧宾夺主。

在色彩搭配中，主色、辅助色与点缀色是3种不同功能的色彩，具体介绍如下。

- **主色**：主色是画面中占用面积最大，也是最受瞩目的色彩，它决定了整个画面的风格。主色不宜过多，一般控制在1~3种颜色，过多容易使人视觉疲劳。主色不是随意选择的，而是需要系统性分析产品或品牌受众人群的心理特征，找到该群体易于接受的色彩，如童装适合选择黄色、粉色和橙色等暖色调作为主色。
- **辅助色**：辅助色占用面积略小于主色，是用于烘托主色的颜色。合理应用辅助色能丰富页面的色彩，使页面显示更加完整、美观。
- **点缀色**：点缀色是指页面中面积小、色彩比较醒目的一种或多种颜色。合理应用点缀色，可以起到画龙点睛的作用，使页面主次更加分明、富有变化。

2. 不同颜色营造的风格

色彩的搭配是一门艺术。在选择色彩前，我们需充分认识不同色系对人造成的视觉体验，根据需要营造合适的风格，选择相应的色彩。下面对不同色系应用的领域和搭配方法进行具体介绍。

- **白色系**：白色称为全光色，是光明的象征色。白色给人明亮、洁净、高级、科技等感觉，通常需要和其他颜色搭配使用。纯白色会带给人寒冷、严峻的感觉，所以在使用白色时，都会掺一些其他的色彩，如象牙白、米白、乳白和苹果白等。另外，白色与暖色（红色、黄色等）搭配可以增加华丽的感觉；白色与冷色（蓝色、紫色等）搭配可以传达清爽、轻快的感觉。
- **黑色系**：黑色给人高贵、稳重、科技的感觉，许多科技产品的用色，如电视、摄影机和音箱大多采用黑色。黑色还给人庄严的感觉，也常用于一些特殊场合的空间设计，生活用品和服饰用品设计大多利用黑色来塑造高贵的形象。黑色的色彩搭配适应性非常广，大多数颜色与黑色搭配都能得到鲜明、华丽及赏心悦目的效果。
- **绿色系**：绿色通常与"健康"息息相关，有时也用于某些公司的公关站点或教育站点。当绿色和白色搭配使用时，可以传递出自然的感觉；当绿色和红色搭配使用时，可以传递出鲜明且丰富的感觉。同时，绿色可以适当缓解眼部疲劳，为耐看色之一。
- **蓝色系**：高纯度的蓝色可以给人营造出一种整洁轻快的感觉，低纯度的蓝色会给人一种都市化的感觉。蓝色和绿色、白色的搭配在日常生活中也是随处可见的，它的应用范围很广泛。主色选择明亮的蓝色，配以白色的背景和灰色的辅助色，可以使图片显得干净而简洁，给人庄重、充实的感觉；蓝色、清绿色和白色的搭配可以使图片看起来非常干净、清澈。
- **红色系**：红色是强有力、喜庆的色彩，具有刺激效果，容易使人产生冲动，是一种雄壮的精神体现，给人愤怒、热情和活力的感受。红色常用于突出颜色，因为鲜明的红色极易吸引人们的目光。高亮度的红色通过与灰色、黑色等无彩色搭配使用，给人传递出现代且激进的感觉。低亮度的红色具有冷静沉着的特质，可以营造出古典的氛围。红色与黄色的搭配具有醒目的作用，在生活中往往用于产品促销的广告设计。

（四）图像构图基础

点、线和面是图像中最基本的三大要素。多媒体设计过程中的图片设计可以采用点来构图，也可以采用线或面来构图，还可以点、线、面结合构图，从而产生丰富的视觉效果，具体介绍如下。

1. 点

点是可见的最小的形式单元，具有凝聚视觉的作用，可以使画面布局显得合理舒适、灵动且富有冲击力。点的表现形式丰富多样，既包含圆点、方点及三角点等规则的点，又包含锯齿点、雨点、泥点及墨点等不规则的点。点没有一定的大小和形状，画面中越小的形体越容易给人点的感觉，如漫天的雪花、夜空中的星星、大海中的帆船和草原上的马等。点既可以单独存在于页面之中，也可组合成线或面。

图1-3所示为一款榨汁机的海报，图中将"老人""孩子""自己"文本分别放置在正圆形的点中，凸显了文本；榨汁机背景中飞溅的果汁是不规则的点，为整个海报增添了灵动与活力。

2. 线

线在视觉形态中可以表现长度、宽度、位置、方向性和性格，具有刚柔共济、优美和简洁的特点，经常用于渲染画面，引导、串联或分割画面元素。线分为水平线、垂直线、斜线和曲线。不同线的形态所表达的情感是不同的，直线单纯、大气、明确、庄严；曲线柔和流畅、优雅灵动；斜线具有很强的视觉冲击，可以营造活力四射的氛围。

图1-4所示为一张街拍模特，背景中的桥可看作一条条的斜线，模特可看作一条直线，两者的搭配凸显出图片的高级感。

图1-3　点的展示效果　　　　　　　　　　　图1-4　线的展示效果

3. 面

点的放大即为面；线的分割产生的各种比例的空间也可称为面。面有长度、宽度、方向、位置和摆放角度等特性。在版面中，面具有组合信息、分割画面、平衡和丰富空间层次、烘托与深化主题的作用。面在设计中的表现形式一般分为两种：几何形和自由形。

- 几何形：是指有规律的、易于被人们所识别、理解和记忆的图形，包括圆形、矩形、三角形、棱形和多边形，以及由线条组成的不规则几何元素等。不同的几何形具有不同的感觉，如矩形给人稳重、厚实与规矩的感觉；圆形给人充实、柔和与圆满的感觉；正三角形给人坚实、稳定的感觉；不规则几何形状给人时尚、活力的感觉。若采用不规则几何形状切割画面，与产品配合，可以为画面营造前后层次感，避免画面背景过于单调。图1-5所示为几何形的展现效果。

- 自由形：自由形来源于自然或灵感，比较洒脱、随意，可以营造淳朴、生动的视觉效果。自由形可以是表达作者个人情感的各种手绘形，也可以是曲线弯曲形成的各种有机形，还可以是自然力形成的各种偶然形。图1-6所示为自由形的展现效果。

图1-5　几何形的展现效果

图1-6　自由形的展现效果

（五）图像构图方法

合适的颜色能让画面变得更加出彩，但在构图时，还需要通过合理的布局，将人物、风景或产品合理地组织起来，构成一幅协调、完整的画面。为了提高设计者的构图水平，下面对常见的构图方法进行介绍。

1. 中心构图

在画面中心位置安排主元素，如商品或促销文案。这种构图方式给人稳定、端庄的感觉，适合对称式的构图，可以产生中心透视感。在使用该构图方式时，为了避免画面呆板，通常会使用小面积的形状、线条或装饰元素进行灵活搭配，增强画面的灵动感。图1-7所示为中心构图效果。

2. 对角线构图

对角线构图是指画面主体居于画面的斜对角位置，能够更好地呈现主题的动势，表现出立体效果。图1-8所示为对角线构图效果。

图1-7　中心构图效果　　　　　　　　　　图1-8　对角线构图效果

3. 九宫格构图

九宫格构图是指用网格将画面平均分成9个格子，在4个交叉点中选择一个点或两个点作为画面主体的位置，同时其他点还应适当考虑平衡与对比等因素。该构图方式富有变化与动感，是常用的构图方式之一。九宫格构图有时也称井字构图，该构图方法属于黄金分割式构图的一种形式。将被摄主体或重要景物放在"九宫格"交叉点的位置上，"井"字的4个交叉点就是主体的最佳位置。但是这4个点也有不同的视觉感应，上方两点动感就比下方强，左面比右面强。在选择构图方位时，右上方的交叉点最为理想，其次为右下方的交叉点。该构图形式较为符合人们的视觉习惯，使主体自然成为视觉中心，具有突出主题，并使画面趋向均衡的特点。九宫格构图要注意视觉平衡问题。图1-9所示为九宫格构图效果。

图1-9　九宫格构图效果

4. 三角形构图

三角形构图是以3个视觉中心为元素的主要位置，形成一个稳定的三角形，它具有安定、均衡但不失灵活的特点。图1-10所示为三角形构图效果。

5. 黄金分割构图

黄金分割构图是指将画面一分为二，其中较大部分与较小部分之比等于整体与较大部分之比，其比值为1∶0.618或1.618∶1。0.618是公认的最具美学价值的比例，具有艺术性与和谐性。图1-11所示为黄金分割构图效果。

图1-10 三角形构图效果　　　　　　　　　　图1-11 黄金分割构图效果

6. 十字形构图

十字形构图就是把画面分成4个部分，也就是通过画面中心画横、竖两条线，中心交叉点是放主体的位置。此种构图使画面具有安全感、和平感和庄重感，但也存在呆板等不利因素。在商品拍摄过程中，该构图方法适宜表现对称式构图，如表现家具类商品、人像等，可产生中心透视效果。图1-12所示为使用十字形构图的效果。

7. 横线构图

横线构图能使画面产生宁静、宽广、稳定和可靠的感觉，但是单一的横线容易割裂画面。在实际的商品拍摄过程中，切记从中间穿过，一般情况下，可上移或下移横线，以躲开中间位置。在构图中，除了单一的横线外，还可以多条横线组合使用，当多条横线充满画面时，可以在部分线的某一段上安排商品主体位置，使某些横线产生断线的效果。这种方法能突显主题，使其富有装饰效果，是构图中最常用的方法。图1-13所示为使用横线构图的效果。

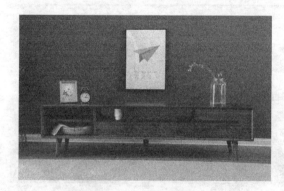

图1-12 十字形构图效果　　　　　　　　　　图1-13 横线构图效果

8. 竖线构图

竖线构图是商品呈竖向放置和竖向排列的竖幅构图方式。竖线构图能使画面产生坚强、庄严和有力的感觉，也能表现出商品的高挑、秀朗，常用于长条的或竖立的商品。在表现方法中，竖线构图要比横线构图富有变化，单一线时也存在差异。竖线构图中也可采用多线的竖线构图，如对称排列透视、多排透视等。使用这些构图方式都可能产生意想不到的效果，从而达到美化商品的效果，如图1-14所示。

9. 疏密相间法构图

疏密相间法构图是在同一个画面中摆放多个物体进行拍摄。一般不能让多个主体放置在同一平面，而要使它们错落有致，疏密相间，让画面在紧凑的同时，还能够主次分明。该构图主要表现为：该疏处一笔带过，该密处精雕细刻；疏而不松散、不浮荡，密而不生涩、不呆滞；疏密有度，疏中存密，密中见疏，二者互相间隔，彼此相得益彰。一幅好的画面构图一定有疏有密，松弛有度，如图1-15所示。

图1-14　竖线构图效果

图1-15　疏密相间法构图效果

（六）图像文件的获取方法

用户可以在Photoshop里对数字图像进行任意的组合拼贴、修改，甚至还可以凭借想象，创造出在现实世界里无法拍摄到的效果。但是，在使用软件对图像进行处理之前，用户首先需要获取图像。一般来说，用户可从以下几个途径获取图像。

1. 从屏幕捕获

从屏幕捕获又称"屏幕抓图"，它是指将计算机屏幕显示的内容以图像文件的形式保存起来。常用的方法是按【Print Screen】键抓取全屏幕图像，按【Alt+Print Screen】组合键抓取当前窗口图像。此外，用户也可使用抓图软件来完成屏幕抓取。常用的抓图软件有HyperSnap、SuperCapture、ScreenHunter和ImageTools等。这些抓图软件不仅可以捕捉桌面、窗口和菜单等控件，还可以捕捉鼠标指针、特殊超长屏幕和网页图像等。

2. 通过扫描仪获得

利用扫描仪可以获取图片、照片、书籍上的文字。用户购买扫描仪后都会获得相应的驱动程序，利用该驱动程序或Photoshop软件，可扫描图片、照片，并将其以JPG或BMP格式保存。

3. 使用数码相机和摄像机拍摄

通过数码相机和摄像机拍摄获取图片或照片时，这些拍摄好的图片或照片存储在数码相机和摄像机的存储器中，然后通过数据连接线将数码相机或摄像机与计算机相连，将存储器中的文件传输到计算机中；摄像机一般通过1394口与计算机相连，并需要使用相应的软件将文件导入计算机。

4. 其他方式

通过其他方式获取图像的途径如下。

● 从市场上销售的光盘中获得风光摄影、广告图片和美术图片等资料。
● 从网上下载丰富的图片，如千图网、昵图网和爱图网等图库网站中提供了大量的高清背景图、矢量图等素材图片，多数图片可免费下载使用，有的图片则需付费下载。
● 利用画图程序、Hijaak、Photoshop及Photostyler等进行绘制或制作图片。

任务三　多媒体音频处理技术基础

声音是携带信息的重要媒体，它与图像、视频及字幕等有机地结合在一起，共同承载着制作者所要表达的思想和感情。因此，多媒体音频技术也是多媒体技术的一个主要分支。在多媒体应用系统中，人们可以通过声音直接表达或传递信息，制造某种效果与氛围等。

一、任务目标

在开始学习具体的多媒体音频软件及技术之前，读者需要了解多媒体音频处理技术的基础知识，以便于对多媒体音频技术有深刻的印象。本任务主要介绍多媒体音频处理技术的相关知识，帮助读者认识多媒体音频处理技术的定义、参数及获取方法，有助于读者之后的学习。

二、任务实施

音频处理的基础包括声音媒体的分类和要素，音频数字化技术，音频的数字化。通过了解并掌握音频参数，读者应学会区分数字音频质量的好坏，了解获取音频的方法，以便在需要音频文件时能够找到或录制合适的音频文件。

（一）声音媒体的分类和要素

声音是由物体振动引发的一种物理现象。在多媒体技术中，人们通常将处理的声音媒体分为以下3类。

● 波形声音：实际上已经包含了所有声音形式，这是因为计算机可以将任何声音信号通过采样和量化数字化。在必要时，还可以准确地将其恢复。
● 语音：人的说话声也是一种波形声音，可以通过语气、语速和语调携带比文本更加丰富的信息。这些信息往往可以通过特殊的软件进行抽取，所以人们把它作为一种特殊的媒体单独研究。
● 音乐：音乐是一种符号化了的声音，这种符号就是乐谱。乐谱是转变为符号媒体形式的声音。

从听觉角度讲，声音媒体具有以下3个要素。

- 音调：与声音的频率有关，频率越高，音调就越高。声音的频率是指每秒钟声音信号变化的次数，用Hz（赫兹）表示。
- 音强：又称为响度，它取决于声音的振幅。振幅越大，声音就越响亮。
- 音色：音色是由于波形和泛音的不同所带来的一个声音属性。如钢琴、提琴、笛子等各种乐器发出的不同声音是由它们的音色决定的。

（二）认识音频数字化技术

数字音频是一个数据序列，在时间上是断续的。当把模拟声音变成数字声音时，需要在时间轴上操作。每隔一个固定时间间隔对波形曲线的振幅进行一次取值，被称为采样，采样的时间间隔称为采样周期。

用数字表示音频幅度时，只能把无穷多个电压幅度用有限个数字表示。把某一幅度范围内的电压用一个数字表示，被称为量化。采样量化的结果是用所得到的数值序列表示原始的模拟声音信号，这就是将模拟声音信号数字化的基本过程，如图1-16所示。

图1-16　模拟声音信号数字化的基本过程

数字声音是通过采样技术进行记录的。采样就是将模拟量表示的音频电信号转换成由许多二进制数1和0组成的数字音频文件。采样过程所用的主要硬件是模拟/数字转换器（A/D转换器），由它完成音频信号的采样工作。在数字声音回放时，再由D/A转换器将数字信号转换为原始的模拟信号。声卡的主要组成部分之一就是A/D和D/A转换器及其相应的电路。

（三）认识音频参数

数字音频质量的好坏主要取决于采样频率、取样大小和声道数等几个参数。

1. 采样频率

采样频率又称取样频率，它是将模拟的声音波形转换为数字声音时，每秒钟所抽取声波幅度样本的次数。采样频率越高，则经过离散数字化的声波越接近于其原始的波形，也就意味着声音的保真度越高，声音的质量越好。目前通用的标准采样频率有11.025kHz、22.05kHz、44.1kHz。当然，采样频率越高，则所需要的信息存储量也越大。

2. 取样大小

取样大小又称量化位数，它是每个采样点能够表示的数据范围。例如，8位量化位数可以用2^8表示256个不同的量化值，16位量化位数则可表示2^{16}，即65 536个不同的量化值。量化位数的大小决定了声音的动态范围，即被记录和重放的声音最高与最低之间的差值。当然，量化位数越高，音质越好，数据量也越大。实际使用中经常要在波形文件的大小和声音回放质量之间进行权衡。

3. 声道数

声道数是指所使用的声音通道的个数，它表明声音记录只产生一个波形（即单音或单声道）还是两个波形（即立体声或双声道）。立体声听起来要比单音丰满优美，但需要两倍于单音的存储空间。

（四）音频获取方法

在进行多媒体音频设计前，用户可通过录制音频文件、编辑与合成音频文件及从网上直接下载等方法获取音频文件。

1. 录制音频文件

录制是将外部的声音信号通过音频卡录入计算机，并以文件的形式进行保存的过程。其信号源可以选择话筒输入或线性输入两种方式。选择话筒输入时需要将话筒插头插入音频卡的话筒输入（Microphone，MIC）插孔中。如果需要转录其他音源的声音信息，如录音机或MP3播放机等，就需要使用声卡提供的线性输入（Line-in）插孔与设备相连。

2. 编辑与合成处理

编辑与合成处理是对声音文件进行多种特殊效果的处理，包括倒播、增加回音、饶舌、淡入与淡出、交换声道、声音由左向右移位或声音由右向左移位等。

3. 其他方式

通过其他方式获取图像的途径如下。

● 从市场上销售的光盘中获得音频文件。

● 通过音乐网站或音乐播放器（如酷狗音乐、QQ音乐）下载丰富的音频文件。

任务四　多媒体视频处理技术基础

多媒体视频是携带信息最丰富、表现力最强的一种多媒体形式。如果观看者只看到图片或配音而缺少动态的画面，就会在一定程度上感到枯燥。而当一段视频节目配有背景音乐或语音时，它就同时具有了视觉媒体和听觉媒体的特性。

一、任务目标

在多媒体应用系统中，视频以其直观和生动等特点得到了广泛的应用。通过本任务的学习，读者可以在开始学习具体的多媒体视频软件及技术之前，了解多媒体视频技术的基础知识，以便对多媒体视频技术有深入的了解。

二、任务实施

本任务将介绍视频制式标准、视频参数、视频的数字化技术及获取视频的方法。通过本任务的学习，读者能够对多媒体视频技术有整体上的认识，能够在了解基础知识的同时，学会如何区分视频质量的好坏以及掌握获取视频的方法。

（一）认识视频制式标准

视频制式标准是人们在制作影片作品时首先要考虑的因素，它决定着视频的成品能否播放。视频是由一系列单独的图像（即帧）组成的。当观众面前的屏幕上每秒钟放映的图像达到一定数目时，由于人眼的视觉延迟，就会产生动态画面的感觉。

现在，国际上流行的视频制式标准主要有NTSC制式、PAL制式和SECAM制式。

1. NTSC制式

NTSC（National Television System Committee，国家电视制式委员会）是1953年美国研制成功的一种兼容的彩色电视制式。它规定每秒30帧，每帧525行，水平分辨率为240～400个像素点，采用隔行扫描，场频为60Hz，行频为15.634kHz，宽高比例为4：3。

NTSC制式的特点是用两个色差信号（R–Y）和（B–Y）分别对频率相同而相位相差90°的两个副载波进行正交平衡调幅，再将已调制的色差信号叠加，穿插到亮度信号的高频端。

2. PAL制式

PAL（Phase Alternate Line，逐行倒相）是1962年制定的一种电视制式。它规定每秒25帧，每帧625行，水平分辨率为240～400个像素点，隔行扫描，场频为50Hz，行频为15.625kHz，宽高比例为4：3。

PAL制式的特点是同时传送两个色差信号（R–Y）与（B–Y）。不过（R–Y）是逐行倒相的，它和（B–Y）信号对副载波进行正交调制。采用逐行倒相的方法，若在传送过程中发生相位变化，则因相邻两行相位相反，可以起到相互补偿的作用，从而避免了相位失真引起的色调改变。

3. SECAM制式

SECAM（Sequential Colour and Memory System，按顺序传送彩色存储）是法国于1965年提出的一种标准。它规定每秒25帧，每帧625行，隔行扫描，场频为50Hz，行频为15.625kHz，宽高比例为4：3。上述指标均与PAL制式相同，区别主要在色度信号的处理上。

SECAM制式的特点是两个色差信号是逐行依次传送的，因此在同一时刻，传输通道内只存在一个信号，不会出现串色现象，两个色度信号不对副载波进行调幅，而是对两个频率不同的副载波进行调频，再把两个已调副载波逐行轮换插入亮度信号高频端，形成彩色图像视频信号。

（二）认识视频参数

在拍摄视频之前，读者需要先了解视频的基本术语，包括像素、分辨率和帧速率等。

● 像素与分辨率：像素是构成数码影像的基本单元，通常用单位面积内的像素来表示影像分辨率的大小。分辨率有很多类型，包括打印分辨率、影像分辨率及显示分辨率等。最常见的是影像分辨率，相机中的分辨率就是影像分辨率。分辨率是指画面的解析度，是由像素构成的，通常以乘法的形式表示，如1 024×768，即每一条水平线上包含1 024个像素点，共有768条线。像素数值越大表示分辨率越大，分辨率越大，图像越清晰；分辨率越低，画面越模糊。

● 帧速率：帧速率指每秒钟显示图片的帧数，单位为fps（帧/秒）。对影片内容而言，帧速率是指每秒所显示的静止帧格数。要想生成平滑连贯的动画效果，帧速率一般不小于8fps；电影的帧速率为24fps；目前国内电视使用的帧速率为25fps。理论上，捕捉动态内容时，帧速率越高，视频越清晰，所占用的空间也越大。帧速率对视频的影响主要取决于播放时所使用的帧速率大小。若拍摄了8fps的视频然后以24fps的帧速率播放，则是快放的效果。相反，若用高速功能拍摄96fps的视频，然后以24fps的帧速率播放，其播放速率将放慢4倍，视频中的所有动作将会变慢，如同电影中常见的慢镜头播放效果。

（三）认识视频数字化技术

普通的视频，如标准NTSC和PAL制式的视频信号都是模拟信号，而计算机只能处理和显示数字信号，因此在计算机使用NTSC和PAL制式的信号前，必须对信号进行数字化（采样和量化），并经模/数转换和彩色空间变换等过程。

1. 采样与量化

模拟波形在时间上和幅度上都是连续的。为了把模拟波形转换成数字信号，必须把这两个量纲转换成不连续的值。把连续的图像函数$f(x, y)$进行时间和幅度的离散化处理，幅度表示成一个整数值，而时间表示成一系列按时间轴等步长的整数距离值。

- 采样：在时间轴上，每隔一个固定的时间间隔对波形的振幅进行一次取值，称为采样，或时间连续坐标（x, y）的离散化，称为采样。
- 量化：将一系列离散的模拟信号在幅度上建立等间隔的幅度电平，称为量化，或$f(x, y)$幅度的离散化，称为量化。

两种离散化结合在一起，称为数字化；离散化的结果称为数字图像。

2. 颜色深度

图像和视频数字化后，为了真实反映出原始图像的颜色，引用了颜色深度这一概念。

颜色深度指的是每个像素可显示出的颜色数，它和数字化过程中的量化数有着密切的关系。因此，颜色深度用多少量化数，也就是用多少位来表示。显然，量化数越高，每个像素可显示出的颜色数目就越多。对应不同的量化数，颜色深度有伪彩色8位、高彩色16位、真彩色24位等。

3. 动态图像

动态图像序列根据每一帧图像产生形式的不同，又分为不同的种类。当每一帧图像是通过人工或计算机产生时，被称为动画；当每一帧图像是通过实时获取的自然景物时，被称为视频。动态图像具有以下几个特点。

- 具有时间连续性，非常适合表示"过程"，易于交待事件的"始末"，具有更强、更生动及更自然的表现力。在实际应用中，动态图像比静态图像具有更广泛的应用范围。
- 数据量更大，必须采用合适的压缩方法才能存储、处理及表现。
- 帧与帧之间具有很强的相关性。相关性既是动态图像连续动作形成的基础，也是进行压缩处理的基本条件。相关性使得动态图像对差错的敏感度降低。

● 对实时性要求很高，必须在规定时间内完成更换画面播放的过程。当用计算机处理时，处理速度、显示速度和数据读取速度都要求达到实时性的要求。

4. 视频数字化

视频的数字化是指在一段时间内以一定的速度对视频信号进行捕获并加以采样后形成数字化数据的处理过程。按每帧所包含的颜色位不同，其采样深度可以是8位、16位、24位和32位，然后将采样后所得到的数据保存起来，以便对它进行编辑和处理。

视频信号的采集就是将视频信号经硬件数字化后，再将数字化数据加以存储。在使用时将数字化数据从存储介质中读出，并还原成图像信号加以输出或播放。

（1）视频图像的编辑技术

视频图像的编辑技术就是将要处理的图像进行组合，包括对静态图像的修改、裁剪、组合和拼接，对动态图像的淡入、淡出，以及视频图像与声音、文字的组合等。

（2）视频图像的变换技术

视频图像的变换技术能实现像素位置的重组，如改变量化位数，修改亮度，形状变换，产生油画和负片的效果；还能实现多画面组合变换，如缩放、移动、翻转、镜像、拖尾、透视、三维旋转、曲线移动及淡入淡出等。

（四）视频获取方法

视频的获取主要有拍摄视频、录制视频和获取已有视频3种方法。

1. 拍摄视频

视频获取之前，用户通常需要先录制视频，然后再将视频导入计算机中。通过使用手机、iPad和摄像机等能够录制视频的工具录制视频，并保存至移动设备中，再将移动设备与计算机连接，将视频导入计算机。

2. 录制视频

将摄像头连接至计算机，打开录制视频的软件，直接将录制好的视频保存在计算机中。

3. 获取已有视频

若已有视频存储在光盘中，将视频文件导入计算机即可；若已有视频存储在视频网站中，则可通过合法的途径下载视频。

任务五　多媒体文件格式的转换

任意一个多媒体文件，如图片、音频或视频，均有多种格式。不同格式或有不同的优势，或只用于特定的软件。读者了解多媒体文件格式有助于对多媒体文件进行整体认识。

一、任务目标

在多媒体技术的学习过程中，读者应先了解多媒体文件的格式及不同格式之间的转换方法，以便今后找到或转换成需要的视频格式。

二、任务实施

本任务将先从图像、音频及视频3个方面介绍多媒体文件的格式，再介绍格式之间的转换。通过本任务的学习，读者能够掌握多媒体格式及不同格式的功能、应用，还能学会多媒体文件格式之间的转换。

（一）认识常见的多媒体文件格式

本任务主要讲解图像、音频及视频的多媒体文件格式。

1. 图像格式

图像格式是指用计算机表示和存储图像信息的格式。由于历史的原因，不同厂家表示和存储图像文件的格式不同，目前已经有上百种图像格式，常用的也有几十种。同一幅图像可以用不同的格式存储，不同格式之间所包含的图像信息并不完全相同，因此，文件大小也有很大的差别。读者在使用时应根据需要选用适当的格式。下面简单介绍几种常见的图像格式。

- PCX格式：该格式最早是由Zsoft公司创建的一种专用格式，比较简单，特别适合保存索引和线稿模式图像。其不足之处是它只有一个颜色通道。PCX格式支持1～24位颜色深度，使用的颜色模式为RGB、索引颜色、灰度及位图。

- TIFF格式：它是一种通用的图像格式，几乎所有的扫描仪和多数图像处理软件都支持这一格式。该格式支持RGB、CMYK、Lab、位图和灰度颜色模式，有非压缩方式和LZW压缩方式之分。同EPS和BMP等格式相比，其图像信息更紧凑。

- BMP格式：它是标准的Windows图像文件格式，是Microsoft专门为Windows的"画笔"或"画图"建立的。该格式支持1～24位颜色深度，使用的颜色模式为RGB、索引颜色、灰度及位图等，且与设备无关。

- TGA格式：该格式由Ture Vision公司开发，支持带一个单独Alpha通道的32位RGB文件和不带Alpha通道的索引颜色模式、灰度模式、16位和24位RGB文件。以该格式保存文件时，可选择颜色深度。

- EPS格式：EPS格式为压缩的PostScript格式，为在PostScript打印机上输出图像而开发。其最大的优点是可以在排版软件中以低分辨率预览，而在打印时以高分辨率输出。EPS格式支持Photoshop的多数颜色模式，但不支持Alpha通道。用户在将图像以EPS格式存储时，可以选择图像预览的数据格式、图像编码格式等。

- GIF格式：该格式是由CompuServe公司提供的一种图像格式。由于可以使用LZW压缩方式进行压缩，因此被广泛用于通信领域和网页文档中。但是，该格式仅支持8位图像文件。

- JPEG格式：它是一种带压缩的文件格式，其压缩率是目前各种图像格式中最高的，它支持RGB、CMYK和灰度颜色模式。该格式主要用于图像预览和制作HTML网页。

- RAW格式：该格式支持带Alpha通道的CMYK、RGB和灰度颜色模式，和不带Alpha通道的多通道、Lab、索引颜色及双色调颜色模式。

● PSD格式：该格式是Photoshop生成的图像格式，可包括层、通道和颜色模式等信息，并且是唯一支持全部颜色模式的图像格式。由于PSD格式保存的信息较多，因此其文件非常庞大。

● FLM格式：该格式是Adobe Premiere动画软件使用的格式，这种格式的图像只能在Photoshop中打开、修改和保存。其他格式的图像不能以FLM格式保存。若在Photoshop中更改了图像的尺寸和分辨率，则该图像将无法继续被Premiere软件所使用。

● PICT格式：这种格式的特点是能够对大块具有相同颜色的图像进行有效压缩。该格式支持RGB、索引颜色、灰度和位图模式，在RGB模式下还支持Alpha通道。

● PDF格式：该格式是由Adobe公司推出的专为线上出版而制订的，是由Adobe Acrobat软件生成的文件格式。该格式可以保存多页信息，其中可以包含图形和文本。由于该格式支持超链接，因此是网络下载时经常使用的文件格式。PDF格式支持RGB、索引颜色、CMYK、灰度、位图及Lab颜色模式，但不支持Alpha通道。

2. 音频格式

在计算机数字音频制作与处理系统中，存储、传输和处理数字音频信息的文件格式有多种。常用的音频文件格式有以下几种。

● WAV格式：WAV格式文件是Microsoft公司和IBM公司开发的被Windows采用的波形声音文件，WAV格式来源于对声音模拟波形的采样。用不同的采样频率对声音的模拟波形进行采样，可以得到一系列离散的采样点，以不同的量化位数（8位或16位）把这些采样点的值转换成二进制数，然后存入磁盘，就产生了声音的WAV文件，即波形文件。

提示　WAV格式的声音文件的字节数/秒=采样频率（Hz）×量化位数（位）×声道数/8。如果对声音质量要求不高，则可以通过降低采样频率、采用较低的量化位数或利用单音来录制WAV文件。

● AIFF格式：AIFF格式是Apple公司开发的一种音频文件格式，被Macintosh平台及其应用程序所支持，Netscape浏览器中的Liveaudio也支持AIFF格式。AIFF是Apple的标准音频格式，属于QuickTime技术的一部分。AIFF虽然是一种很优秀的文件格式，但由于它主要应用于Apple，因此在其他平台上并没有得到很大的推广，不过大部分音频编辑软件和播放软件都支持AIFF格式。

● APE格式：APE格式是一种无损压缩音频格式。将音频文件压缩为APE后，文件大小要比WAV格式至少减少一半，在网络上传输时可以节约很多时间。更重要的是，只要还原APE压缩格式，仍能毫无损失地保留原有的音质。

● ASF、ASX、WAX、WMA格式：ASF、ASX、WAX、WMA格式都是Microsoft公司开发的同时兼顾保真度和网络算术传输的新一代网上流式数字音频压缩技术。以WMA格式为例，它采用的压缩算法使声音文件比MP3文件小，而音质上毫不逊色，更远胜于RA格式的音质。它的压缩率一般都可以达到1∶18左右。现有的Windows操作系统中的媒体播放器或Winamp都支持WMA格式，Windows Media Player 7.0还增加了直接把CD格式的音频数据转换为WMA格式的功能。

● MP3格式：MP3格式是德国于1987年开发出来的。MP3是指MPEG标准中的音频部分，也就是MPEG音频层。根据压缩质量和编码处理的不同，音频层分为3层，分别对应"*.mp1" "*.mp2" "*.mp3"这3种声音文件。需要注意的是，MPEG音频文件的压缩是一种有损压缩，MPEG3音频编码具有10∶1~12∶1的高压缩率，同时基本保持低音频部分不失真，但是牺牲了声音文件中12~16kHz高音频这部分的质量来换取文件的尺寸。相同长度的音乐文件，用MP3格式来存储，一般只有WAV文件的1/10，而音质要次于CD格式或WAV格式的声音文件。

● OGG格式：OGG是一种非常先进的文件格式，可以不断地进行大小和音质的改良，而不影响旧有的编码器或播放器。OGG格式采用有损压缩，但通过使用更加先进的声学模型减少损失，因此，同样位速率（BitRate）编码的OGG与MP3相比听起来更好一些，因而使用OGG文件的好处是可以用更小的文件获得更好的声音质量。

● MIDI格式：MIDI文件中包含音符、定时，以及多达16个通道的乐器定义，每个音符包括键、通道号、持续时间、音量、力度等信息。所以MIDI文件记录的不是乐曲本身，而是一些描述乐曲演奏过程中的指令。

提示

无损的音频格式压缩比大约是2∶1，解压时不会产生数据或质量上的损失，解压产生的数据与未压缩的数据完全相同。无损压缩格式主要有WAV、PCM、AIFF、TTA、FLAC、AU、APE、TAK、WavPack（WV）等。

有损压缩格式是基于声学心理学的模型，除去人类很难或根本听不到的声音，例如，一个音量很高的声音后面紧跟着一个音量很低的声音，MP3就属于这一类文件。有损压缩格式主要有MP3、WMA、OGG、AAC等。

3. 视频格式

同其他媒体的格式一样，视频文件的格式也有多种，常见的有AVI、MOV、MPG、DAT等。

● AVI格式：AVI格式是常用的将视频信息与同步音频信息结合在一起存储的多媒体文件格式。它以帧作为存储动态视频的基本单位，每一帧中都是先存储音频数据，再存储视频数据，音频数据和视频数据相互交叉存储。播放时，音频流和视频流交叉使用处理器的存取时间，保持同期同步。通过Windows的对象链接与嵌套技术，AVI格式的动态视频片段可以嵌入到任何支持对象链接与嵌入的Windows应用程序中。

● MOV格式：MOV格式是QuickTime视频处理软件所选用的视频文件格式。

● MPG格式：MPG格式是采用MPEG方法进行压缩的全运动视频图像文件格式，目前许多视频处理软件都支持该格式。

● DAT格式：DAT格式也是MPEG压缩方法的一种文件格式。

● WMV格式：WMV是Microsoft公司开发的一组数位视频编解码格式的通称，ASF是其封装格式。ASF封装的WMV具有数位版权保护功能。

● DivX格式：DivX是一项类似于MP3的数字多媒体压缩技术。通过DSL或CableModen等宽带设备，用户可以欣赏到全屏的高质量数字电影。同时该格式允许在其他设备（如数字电视、手机）上观看，对设备的要求不高。采用DivX格式的优点是文件小，图像质量好。

● DV格式：DV文件分为DV类型I和DV类型II两种AVI文件。其中DV类型I，数字视频AVI文件包含原始的视频和音频信息。DV类型I文件通常小于 DV类型II文件，并且与大多数A/V设备兼容，如DV便携式摄像机和录音机。DV类型II，数字视频AVI文件包含原始的视频和音频信息，同时还包含作为DV音频副本的单独音轨。DV类型II比DV类型I兼容的软件更加广泛，因为大多数使用 AVI 文件的程序都希望使用单独的音轨。

● MKV格式：MKV是一种新的多媒体封装格式，这个封装格式可把多种不同编码的视频及16条或以上不同格式的音频和语言不同的字幕封装到一个文档内。它是其中一种开放源代码的多媒体封装格式。MKV同时还可以提供非常好的交互功能，而且比MPEG方便。

● RM、RMVB格式：Real Video也称Real Media（RM）档，是由RealNetworks开发的一种档容器。它通常只能容纳Real Video和Real Audio编码的媒体。该档带有一定的交互功能，允许编写脚本以控制播放。RM是可变比特率的RMVB格式，体积很小，受到网络下载者的欢迎。

● OGM格式：OggMedia是一个完全开放性的多媒体系统计划，OGM是其容器格式。OGM可以支援多视频、音频及字幕（文本字幕）等多种轨道。

● MOD格式：MOD格式是JVC生产的硬盘摄录机所采用的存储格式。

（二）转换多媒体文件格式

不同的多媒体文件格式有不同的优势和劣势，但在多媒体文件的制作与传输过程中，由于某些文件制作工具只支持某些固定格式的文件，某些平台对上传媒体文件的大小或品质有所要求，因此用户需要将目标文件转换为工具或平台所支持的格式。

实现格式转换的工具有很多，这里介绍使用常用的格式工厂来转换多媒体文件的格式。

格式工厂（Format Factory）是一款免费的多媒体格式转换软件，它几乎支持将所有类型的多媒体格式转换为常用的音频和视频格式，同时还支持图片格式之间的转换，并且在转换过程中可以修复某些损坏的视频文件。

1. 转换图像文件格式

利用格式工厂可以将图像文件转换为WebP、JPG、PNG、ICO、BMP、GIF、TIF或TGA格式。下面将图像文件转换为TIF格式，其具体操作如下。

微课：转换图像文件格式

（1）启动格式工厂软件，在其左侧的功能区中单击"图片"按钮，在展开的"图片"列表框中选择"TIF"选项，如图1-17所示。

（2）打开"TIF"对话框，在其中单击 添加文件 按钮，在打开的"打开"对话框中选择要进行转换的图像文件，单击 确定 按钮，如图1-18所示（配套资源：素材文件\项目一\大闸蟹_16.jpg、焦点图背景.jpg、街拍模特.jpg）。

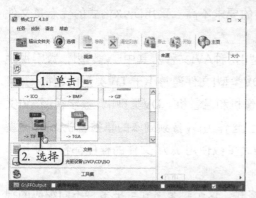

图1-17　选择转换格式　　　　　　　　　图1-18　选择图像

（3）此时在格式工厂主界面的文件列表区中将自动显示所添加的图像文件，然后单击工具栏中的 开始 按钮，开始执行转换操作，如图1-19所示。

（4）完成后即可看到图像转换成已完成的状态，如图1-20所示（配套资源：效果文件\项目一\大闸蟹_16.tif、焦点图背景.tif、街拍模特.tif）。

图1-19　开始转换图像　　　　　　　　　图1-20　图像转换完成

2. 转换音频文件格式

利用格式工厂可以将音频文件转换为MP3、WMA、FLAC、AAC、MMF、AMR、M4A、M4R、OGG、MP2或WAV格式。下面将MP3格式的音频文件转换为MAV格式，其具体操作如下。

微课：转换音频文件格式

（1）单击 清空列表 按钮，清空列表中的文件，在主界面左侧的功能区中单击 按钮，在展开的"音频"选项卡中单击 按钮，如图1-21所示。

（2）打开"WAV"对话框，在其中单击 添加文件 按钮，在打开的"打开"对话框中选择要进行转换的音频文件（配套资源：素材文件\项目一\New Morning.mp3）。

（3）单击 按钮，打开"音频设置"对话框，在"预设配置"栏中选择"高质量"选项，单击 按钮，如图1-22所示。

图1-21 格式工厂音频转换

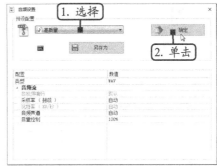

图1-22 音频设置

（4）此时在格式工厂主界面的文件列表区中将自动显示所添加的音频文件，然后单击工具栏中的 按钮，开始执行转换操作，如图1-23所示。

（5）成功完成转换后，单击主界面工具栏中的 按钮，打开保存输出文件的文件夹，可查看转换后文件的详细信息，如图1-24所示（配套资源：素材文件\项目一\New Morning.wav）。

图1-23 转换音频

图1-24 输出文件夹

3. 转换视频文件格式

利用格式工厂可以将视频文件转换为MP4、3GP、AVI、MKV、WMV、MPG、VOB、FLV、SWF或MOV等格式。下面将MP4格式的视频文件转换为MPG格式，其具体操作如下。

（1）单击 按钮，清空列表中的文件，在主界面左侧的功能区中单击 按钮，在展开的"视频"选项卡中单击 按钮，如图1-25所示。

（2）打开"MPG"对话框，在其中单击 按钮，在打开的"打开"对话框中选择要进行转换的视频文件（配套资源：素材文件\项目一\女包.mp4）。

（3）单击 按钮，打开"浏览文件夹"对话框，设置新的保存路径，单击 按钮，如图1-26所示。

微课：转换视频文件格式

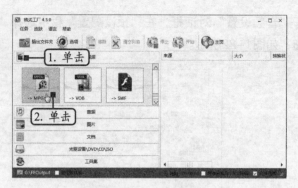

图1-25　格式工厂视频转换

图1-26　设置新的保存路径

（4）单击　　　确定　　按钮，此时在格式工厂主界面的文件列表区中将自动显示所添加的视频
　　　文件，然后单击工具栏中的　开始按钮，开始执行转换操作，如图1-27所示。

（5）成功完成转换后，单击主界面工具栏中的　输出文件夹按钮，打开保存输出文件的文件
　　　夹，可查看转换后文件的详细信息，如图1-28所示（配套资源：效果文件\项目一\女
　　　包.mpg）。

图1-27　转换视频

图1-28　输出文件夹

> **提示**　除了使用格式工厂转换文件格式外，利用Photoshop等图像处理软件，能够转换图像文件的格式；利用GoldWave等音频处理软件，能够转换音频文件的格式；利用会声会影等视频处理软件，能够转换视频文件的格式。

扩展知识——认识虚拟现实技术

　　虚拟现实（Virtual Reality，VR）又称人工现实或灵境技术，它是在许多相关技术（如仿真技术、计算机图形学和多媒体技术等）的基础上发展起来的一门综合技术，是多媒体技术发展的更高境界。它推动了通用计算机中多媒体设备的发展，在输入、输出方面也由普通的键盘和二维鼠标器发展为三维球、三维鼠标器、数据手套、数据衣服及头盔显示器等。

　　虚拟现实技术提供了一种完全沉浸式的人机交互界面，用户处在计算机产生的虚拟世界

中，无论是看到的、听到的，还是感觉到的，都像在真实的世界里一样，通过输入和输出设备还可以同虚拟现实环境进行交互。虚拟现实具有如下特征。

● **多感知性**：所谓多感知性是指除了一般多媒体计算机具有的视觉感知和听觉感知外，还有触觉感知、力觉感知和运动感知，甚至包括嗅觉感知和味觉感知等。理想的虚拟现实技术应有一切人所具有的感知功能。

● **临场感**：临场感又称存在感，它是指用户作为主角存在于模拟环境中感觉到的真实程度。理想的模拟环境应该能够使用户难以分辨真假，实现和现实一样逼真的照明和音响效果，如天文学专业的学生可以在虚拟星系中遨游，英语专业的学生可以在虚拟剧院观看莎士比亚戏剧。

● **交互性**：交互性是指用户对模拟环境内物体的可操作程度和从环境得到反馈的自然程度。如用户可以用手直接去抓取模拟环境中的物体，这时手有握着东西的感觉，并可以感觉物体的重量，视场中被抓的物体也会随着手的移动而移动。

● **自主性**：自主性是指虚拟环境中物体依据物理定律动作的程度，如当物体受到力的推动时会向力的方向移动或翻倒。

近年，虚拟现实也被尝试应用于网络营销中，增强了用户的场景化体验。用户将融入不同的场景，真实形象地体验品牌和产品。这种场景化体验不仅给用户带来了新鲜的消费体验，也与用户产生了情感共鸣。但虚拟现实要想成为主流，不仅需要克服一些障碍，还需要创造出优质的、有吸引力的内容。

课后练习

一、选择题

1. 多媒体技术的主要特点有（ ）。

① 多样性 ② 集成性 ③ 交互性 ④ 可扩充性

（A）① （B）①、② （C）①、②、③ （D）全部

2. 把一台普通的计算机变成多媒体计算机，需要解决的关键技术是（ ）。

① 视频音频信息的获取技术 ② 多媒体数据压缩编码和解码技术
③ 视频音频数据的实时处理 ④ 视频音频数据的输出技术

（A）① （B）①、② （C）①、②、③ （D）全部

3. 多媒体计算机的发展趋势是（ ）。

（A）使多媒体技术朝着网络化发展

（B）智能化多媒体技术

（C）多媒体技术多元化

（D）以上信息全对

4. 根据多媒体的特点判断以下哪些属于多媒体范畴（ ）。

① 交互式游戏 ② 有声图书

③ 彩色画报　　　　　　　　　　　　　　　④ 立体声音乐、彩色电视等

（A）①　　　　　　（B）①、②　　　　　　（C）①、②、③　　　　　（D）全部

5. 下列颜色不属于三原色的是（　　　）。

（A）红色　　　　　　（B）黄色　　　　　　（C）蓝色　　　　　　（D）绿色

6. 数字音频采样和量化过程所使用的主要硬件是（　　　）。

（A）数字编码器

（B）数字解码器

（C）模拟到数字的转换器（A/D转换器）

（D）数字到模拟的转换器（D/A转换器）

7. 下列叙述中正确的是（　　　）。

（A）音频卡的分类主要是根据采样的频率来分，频率越高，音质越好

（B）音频卡的分类主要是根据采样信息的压缩比来分，压缩比越大，音质越好

（C）音频卡的分类主要是根据接口功能来分，接口功能越多，音质越好

（D）音频卡的分类主要是根据采样量化的位数来分，位数越高，量化精度越高，音质
越好

8. 频率为25帧/秒的制式为（　　　）。

（A）PAL　　　　　　（B）SECAM　　　　　　（C）NTSC　　　　　　（D）YUV

二、问答题

1. 多媒体的定义是什么？

2. 多媒体技术未来的主要发展方向是什么？

3. 常见的色彩模式有哪几种？

4. 多媒体在电子商务中有哪些具体表现？

5. 你认为哪种构图模式在购物网站中能够达到最佳效果？

6. 你能在自己的生活中联想到哪些多媒体技术的应用？

Multi-Media

项目二
使用工具和软件快速处理图像

在电子商务中，图像是最基本的展示元素。从事美工设计、视觉营销等相关工作的人员，有必要掌握一两款操作简单的图像处理软件。利用这些图像处理软件快速地对一些人物图像、产品图像进行简单的调色、修饰和美化操作，可以使图像变得美观，符合工作要求。本项目主要讲解人物图像处理软件美图秀秀和在线海报设计工具Fotor的使用方法。通过本项目的学习，读者能够进行简单的多媒体图像处理和设计。

课堂学习目标

● 掌握使用美图秀秀软件美化图像的方法

● 熟悉使用Fotor在线海报设计工具设计图像的方法

任务一　使用美图秀秀美化人物图像

图像处理是进行多媒体设计的必备技能之一。通常情况下，用会选择使用Photoshop等专业的图像处理软件来处理图像，但若只需要美化人物图像，则美图秀秀是一个不错的选择。美图秀秀作为大众化的图像处理软件，具有快速而高效的美颜效果，且便于操作，因此被广泛应用于人物、商品图像的美化处理。

一、任务目标

本任务要求读者在掌握美图秀秀软件操作的同时，学习在多媒体设计中如何对人物图像的整体色调、细节瑕疵等进行处理。

打开素材图片（配套资源：素材文件\项目二\人物.jpg），根据观察，原图整体色调偏暗，且色彩饱和度过高，图像整体呈现出"傍晚"的视觉效果，人物脸部反光过重，且皮肤偏暗黄，缺乏美感。通过美图秀秀可以提高亮度并降低色彩饱和度，使图片整体变得明亮。

同时，人物的脸上有一些细小的斑点和黑眼圈。我们在保留真实度及辨识度的前提下，对人物的细节进行"美容"，适当地进行瘦脸、美白、祛痘及磨皮等操作，使人物形象得到完美展示。

对人物形象进行美化后，我们通过背景虚化、添加特效等操作对图片进行风格化处理，再添加适当的文字或饰品。人物形象美化前后的对比效果如图2-1所示。

图2-1　效果对比图

二、任务实施

下面将处理素材中的人物图像，包括调整亮度、调整对比度、调整色相/饱和度、调整清晰度、瘦脸瘦身、美白皮肤、祛痘祛斑和添加文字等操作。

（一）打开图像文件

在处理人物图像前，需要先打开人物图像文件。在美图秀秀中打开人物图像文件的具体操作如下。

（1）双击桌面上的美图秀秀快捷图标，启动美图秀秀，在打开的界面中单击打开按钮，如图2-2所示。

（2）打开"打开一张图片"对话框，选择"人物.jpg"图像文件（配套资

微课：打开图像文件

源：素材文件\项目二\人物.jpg），单击 打开(Q) 按钮，如图2-3所示，即可在美图秀秀中打开选择的图片。

图2-2　美图秀秀界面

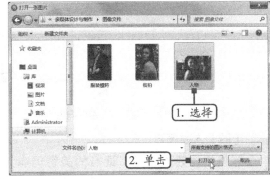

图2-3　"打开一张图片"对话框

（二）调整图像大小

图像的原始尺寸为960像素×642像素，本任务将图像调整为4：3的比例，其具体操作如下。

（1）单击"美化"选项卡，单击 ✂裁剪 按钮，如图2-4所示。

（2）进入"裁剪"界面，在左侧单击"常用比例"选项卡，然后在其中单击 4:3 标准屏幕 按钮，在右侧调整裁剪区域，单击 ✔完成裁剪 按钮，完成图像的裁剪，如图2-5所示。

微课：调整图像大小

图2-4　单击"裁剪"按钮

图2-5　裁剪图像

（三）调整图片的色彩

根据观察，图像整体明显偏暗，曝光度不足，整体对比度也不足，过高的饱和度使图像中的人物皮肤在"发光"。下面对图像的色彩进行调整，其具体操作如下。

（1）在"美化"选项卡右侧的"高级"栏中，将"智能补光"滑块左移，如图2-6所示。

（2）在"基础"栏中，将"对比度"滑块右移，将"色彩饱和度"滑块左移，将"清晰

微课：调整图片的色彩

度"滑块左移，如图2-7所示。

（3）单击 按钮，即可看到图像在调色前与调色后的对比效果，如图2-8所示。

图2-6　智能补光　　　图2-7　基础调色　　　　　　图2-8　调色前后对比

（四）人物美容

即使拍摄效果很好，适当的美容仍能为图片加分。本任务将对"人物.jpg"图像文件中的人物进行瘦脸瘦身、皮肤美白、祛痘祛斑和磨皮等操作，其具体操作如下。

微课：人物美容

（1）在"美容"选项卡中单击 瘦脸瘦身 按钮，如图2-9所示，进入"瘦脸瘦身"界面。

（2）此时鼠标光标呈 形状，按住鼠标左键在脸颊或身体上拖动，即可实现瘦脸或瘦身效果，完成后单击 应用 按钮，返回"美容"选项卡，如图2-10所示。

图2-9　"美容"选项卡　　　　　　　图2-10　瘦脸瘦身

（3）在"美容"选项卡中单击 皮肤美白 按钮，进入"皮肤美白"界面，单击界面左侧的"局部美白"选项卡，选择皮肤颜色 ，在人物的皮肤上均匀涂抹，单击 应用 按钮，返回"美容"选项卡，如图2-11所示。

提示

皮肤美白分为局部美白与整体美白，整体美白类似于调整亮度与色相，提升美白的强度，图片整体亮度也会增加。如果增加暖肤色则色相偏橘，呈暖色调；如果增加冷肤色则色偏蓝，呈冷色调。

（4）在"美容"选项卡中单击 祛痘祛斑 按钮，进入"祛痘祛斑"界面，拖动界面左侧的"祛痘笔大小"滑块，调整大小至10，滑动鼠标滚轮，放大图像，在有痘斑处单击鼠标左键，即可成功祛痘祛斑，如图2-12所示。完成后单击 应用 按钮，返回"美容"选项卡。

图2-11 皮肤美白　　　　　　　　　　　　　图2-12 祛痘祛斑

（5）在"美容"选项卡中单击 磨皮 按钮，进入"磨皮"界面，单击"自然磨皮"按钮，将弹出的滑块移动至最右侧，单击 应用 按钮，返回"美容"选项卡，如图2-13所示。

（6）在"美容"选项卡中单击 消除黑眼圈 按钮，进入"消除黑眼圈"界面，将"画笔大小"和"力度"分别设置为"25"和"25%"，在黑眼圈处涂抹，单击 应用 按钮，返回"美容"选项卡，如图2-14所示。

图2-13 自然磨皮　　　　　　　　　　　　　图2-14 消除黑眼圈

（五）添加文字与饰品

在为人物"美容"后，我们可以为其适当增添饰品和文字。本任务中将为"人物.jpg"图像文件增添拍摄时间文字，并在拍摄时间上方增添一些饰品，其具体操作如下。

微课：添加文字与饰品

（1）在"文字"选项卡中单击 A 输入文字 按钮，打开"文字编辑框"对话框，并在左侧图像中显示"请输入文字"文本框，如图2-15所示。

（2）"文字编辑框"对话框中的文本框中输入"June 14th"，将"字体""字号""旋转""透明度"分别设置为"华文行楷""57""0°""100%"，将颜色设置为"深蓝色"，单击 应用 按钮，完成字体的设置，如图2-16所示。

图2-15　插入文字　　　　　　　　　　　　　　　　　　图2-16　编辑文字

（3）应用文字后，文本框中自动替换为设置好的文字及格式，拖动文本框至图像右下角，单击 ⊠ 按钮，关闭"文字编辑框"对话框，如图2-17所示。

（4）在"饰品"选项卡中单击 炫彩水印 按钮，在右侧【在线素材】/【新鲜】栏中选择合适的水印效果，打开"素材编辑框"对话框，并弹出该水印效果图，如图2-18所示。

图2-17　文字效果　　　　　　　　　　　　　　　　　　图2-18　添加水印

提示

　　　　　在美图秀秀中，水印属于饰品的一种。饰品分为动态饰品与静态饰品，可以选择合适的饰品为图片增添色彩。若在美图秀秀中未找到合适的饰品，也可通过"导入饰品"功能来添加已有的饰品。

（5）将"素材编辑框"对话框中的"透明度""旋转角度""素材大小"分别设置为
"90%""0°""106%"，如图2-19所示。

（6）拖动水印图形至文字的下方，单击 ✕ 按钮，关闭"素材编辑框"对话框，效果如图
2-20所示。

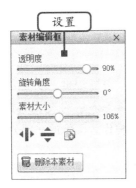

图2-19 设置水印

图2-20 水印效果

（六）保存图像文件

处理完图像后，将图像文件保存至指定位置，其具体操作如下。

微课：保存图
像文件

（1）单击 🔲 保存与分享 按钮，打开"保存与分享"对话框，单击选中 ◉ 自定义单
选项，将路径设置为"D:\用户目录\我的文档\美图图库\"，将名称设
置为"人物"，单击 保存 按钮，如图2-21所示。

（2）此时"保存与分享"对话框中显示"保存成功！"，单击 打开所在文件夹 按钮，即可看到保
存后的图像，如图2-22所示。

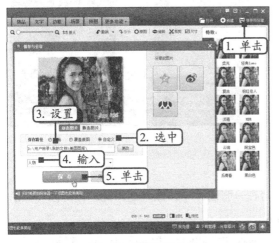

图2-21 保存图像文件

图2-22 查看保存效果

提
示

图片保存成功后，单击 打开新图片 按钮，即可关闭已保存的图片，并打
开"打开"对话框，选择新的图片并进行处理。

三、相关知识

除了人像的处理及饰品、文字的添加外，美图秀秀还提供了许多实用的功能。读者了解这些功能，有助于丰富多媒体设计的思路，拓展多媒体设计的方法。

（一）添加边框

在多媒体图像设计中，对图像本身的处理固然重要，但用户若想在文稿、公众号等地方展示图片，可以为其添加合适的边框，使图像显得更为完整、不突兀，带来良好的视觉体验。

美图秀秀的边框有简单边框、轻松边框、文字边框、撕边边框、炫彩边框、纹理边框和动画边框。不同的边框有不同的视觉效果，用户在选择时需考虑图像想表达的效果。如想表达雅致，不宜使用炫彩边框；想表达繁盛，不宜使用简单边框。边框作为图像的一部分，也会体现出图像的情绪，如图2-23所示。

（二）添加场景

美图秀秀提供了场景添加的功能，用户可以通过将图片的一部分放置在另一个场景中，使图片更为美观。场景包括静态场景和动态场景，静态场景又分为逼真场景、拼图场景、非主流场景、可爱场景、桌面场景、宝宝场景、明星场景、节日场景、日历场景和其他场景。为不同的图片配置不同的场景，能够更为有效地凸显图片的核心内容，如图2-24所示。

图2-23　添加边框

图2-24　添加场景

（三）拼图

使用拼图功能能够快速地将多张图片组合在一张图片中，或产生对比，或加强特点。快速的拼图方式能为多媒体设计带来更好的灵感。

美图秀秀的拼图有自由拼图、模板拼图、海报拼图和图片拼接4种方式，其特点如下。

● 自由拼图：自由拼图功能是将多张图片整体缩小，并放置在一个相框中，通过自由随意的组合，使图片整体更有活力，如图2-25所示。

● 模板拼图：通过选择美图秀秀提供的模板，用户能够将图片快速组合，达到乱中有序的视觉效果，如图2-26所示。

图2-25　自由拼图　　　　　　　　　　　　　图2-26　模板拼图

● **海报拼图**：海报拼图提供了海报类型的模板，使用它能产生大气、美观的视觉效果，如图2-27所示。

● **图片拼接**：图片拼接分为横版拼接和竖版拼接两种。图2-28所示为横版拼接效果。

图2-27　海报拼图　　　　　　　　　　　　　图2-28　横版图片拼接

（四）九格切图

九格切图是非常实用的功能。虽然只有一张图片，但由于使用等量的九格切分，图片显得不单一，有更充足的视觉效果。微博和新闻类App中常常需要使用该功能，如图2-29所示。

（五）批量处理图片

美图秀秀的批量处理功能通常用于处理具有相同特点的多张图片，如批量调色处理、批量添加水印等。通过美图秀秀添加多张图片文件，然后选择右侧需要执行的批处理操作，包括一键美化、基础调整、特效、边框、水印及文字，即可实现图片批处理操作，如图2-30所示。

图2-29　九格切图

图2-30　批量处理图片

任务二　使用Fotor在线设计工具设计图像

Fotor在线设计工具拥有大量的图像模板，是十分高效的平面图像设计和制作工具。它拥有简单的操作界面，即使你是图像设计的新手，也能快速学会。

一、任务目标

本任务要求设计一张夏日服装促销海报。该海报中以绿色作为主色，简约的风格使浏览者不会接受多余的信息；红色作为辅色，用于突出促销的文字；黑色作为点缀色，用于补充海报的空缺部分，或作为文字的补充说明。

通过参考Fotor提供的模板，用户需要构思出自己图片的版式。千万不要直接替换模板中的图片，因为多媒体设计需向浏览者展现商品的核心卖点，并在传达信息的基础上保证图像整体效果的美观精致。本任务中，读者在掌握Fotor在线设计工具的同时，还需了解多媒体平面设计的设计要点，学习版式的构成、颜色的选择和图像的搭配等。在学习本任务后，读者应该能够使用Fotor在线工具设计不同效果的海报。本任务的参考效果如图2-31所示。

图2-31　服装促销海报效果图

二、任务实施

下面将设计一张淘宝促销海报，包括设置图片大小、设置背景、导入并处理图片、添加贴纸及添加并处理文字等操作。

（一）进入设计页面并添加背景

在设计海报图前，我们需要先进入Fotor在线设计网站，选择合适的模板，然后添加相应的背景色，其具体操作如下。

微课：进入设计页面并添加背景

（1）双击桌面上的360安全浏览器快捷图标，打开360浏览器，在地址栏中输入Fotor的网址，按【Enter】键进入Fotor首页，单击 开始设计 按钮，如图2-32所示。

（2）进入Fotor在线设计页面，选择"淘宝banner"选项，如图2-33所示。

图2-32　Fotor首页

图2-33　选择模板

（3）单击"背景"选项卡，在"颜色背景"栏中单击██按钮，即可成功设置背景颜色，如图2-34所示。

图2-34　设置背景颜色

（二）导入并处理图片

在制作海报时，我们需要直接在海报上展示商品图片，因此需要先导入商品图片，并将商品图片调整至合适的大小、位置，其具体操作如下。

（1）单击 ___+导入图片___ 按钮，打开"打开"对话框，选择"夏装.png"图像文件，单击 ___打开(O)___ 按钮，如图2-35所示（配套资源：素材文件\项目二\夏装.png）。

微课：导入并处理图片

（2）打开图像后，在 ___+导入图片___ 按钮下方即显示图像的缩略图，单击该缩略图，在模板上出现人物图像，如图2-36所示。

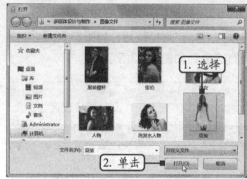

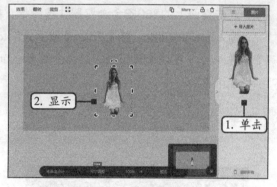

图2-35 打开图像文件   图2-36 添加图像文件

（3）将鼠标指针移动到图像四周的缩放点，按住鼠标左键不放并向图像外拖动即可放大图像，如图2-37所示。

（4）将鼠标指针放置在图像上，将图像拖动至合适的位置，如图2-38所示。

图2-37 放大图像   图2-38 移动图像

（三）使用贴纸

Fotor中自带了多种类型的贴纸，添加合适的贴纸能够起到点缀、衬托等效果，其具体操作如下。

（1）在【贴纸】/【基础线框】选项中单击第3排第一个图标，此时在模板中添加一个圆角矩形形状，如图2-39所示。

微课：使用贴纸

（2）将鼠标指针移动到圆角矩形四周的缩放点，按住鼠标左键不放并向外拖动放大图像，将鼠标指针放置在圆角矩形上，将圆角矩形拖动至合适的位置，如图2-40所示。

（3）选择圆角矩形，单击模板上方的"描边"按钮，在弹出的下拉列表框中，将"粗细"设置为"4"，其余选项不变，如图2-41所示。

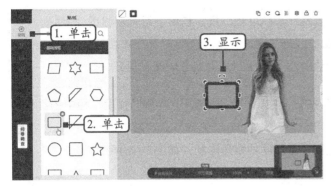
图2-39　添加圆角矩形

图2-40　放大并移动圆角矩形

（4）单击模板上方的"图层"按钮 ⑧，在弹出的下拉列表框中选择"移至底层"选项，如图2-42所示。

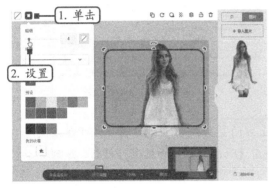
图2-41　调整边框粗细

图2-42　移动图层

（5）在【贴纸】/【基础形状】选项中单击第一排第一个图标，此时在模板中添加一个正方形形状，如图2-43所示。

（6）将鼠标指针移动到正方形四周的缩放点，按住鼠标左键不放并向外拖动，调整为矩形，将鼠标指针放置在调整后的矩形形状上，将其拖动至合适的位置，如图2-44所示。

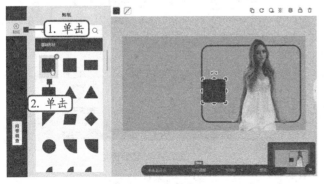

图2-43　添加正方形

图2-44　调整并移动形状

Fotor中提供了图片容器、基础形状、线、插画、图标和抠图6种贴纸，每个种类下又有几十种贴纸。为了快速找到心仪的贴纸，可在贴纸下方的搜索框中输入关键字，如"足球"，即可弹出与足球相关的贴纸。

（7）选择矩形形状，单击"调色板"按钮，在弹出的调色板中选择"预设"栏中的红色，如图2-45所示。

（8）选择矩形形状，单击⊡按钮，复制一个相同的矩形形状，如图2-46所示。

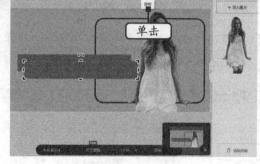

图2-45　为矩形设置颜色　　　　　　　　　图2-46　复制矩形形状

复制图像或形状时，可通过上方的复制按钮进行复制，也可直接使用【Ctrl+C】组合键进行复制，再使用【Ctrl+V】组合键进行粘贴，达到快速复制图像的目的。

（9）将鼠标指针移动到所复制的矩形四周的缩放点，向内拖动缩小形状，将鼠标指针放置在缩小的矩形上，拖动至合适的位置，如图2-47所示。

（10）选择调整后的矩形，单击模板上方的🔓按钮，此时矩形图层呈锁定状态，无法移动与操作，如图2-48所示。

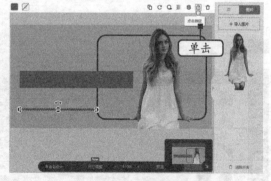

图2-47　缩小并移动矩形　　　　　　　　　图2-48　锁定图层

（11）使用同样的方法，锁定当前模板中的其他图层，使图层均不能被操作。

（四）添加并处理文字

文字是介绍产品的关键，其字体、大小和间距等均会影响图像的整体效果。添加并处理文字的具体操作如下。

（1）选择"文字"选项卡中的"点击添加标题"选项，在模板中弹出"点击添加标题"文本框，如图2-49所示。

（2）将鼠标光标定位到文本框中，输入"GO!OUT SIDE"文本，将文本框移动至合适的位置，如图2-50所示。

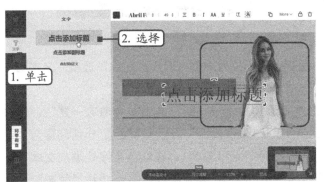

图2-49　添加标题文本　　　　　　　　　图2-50　输入文本并移动文本框

（3）将鼠标光标定位到主标题文本框中，单击模板上方的"字体"按钮，在弹出的下拉列表框中选择"思源黑体粗"选项，文本框中的字体均变为设置的字体，如图2-51所示。

（4）单击模板上方的"字号"按钮，在弹出的下拉列表框中选择"44"选项，文本框中的字号均变为设置的字号，如图2-52所示。

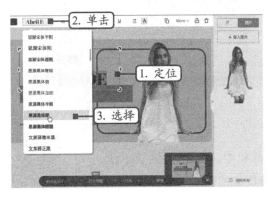
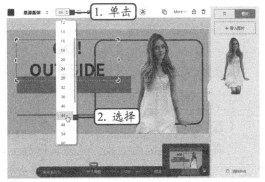

图2-51　设置字体　　　　　　　　　　　图2-52　设置字号

（5）单击模板上方的"文字对齐"按钮≡，在弹出的下拉列表框中选择"左对齐"选项，文本框中的文字均变为左对齐，如图2-53所示。

（6）单击模板上方的"间距"按钮I，在弹出的下拉列表框中将"字间距""行间距"分别设置为"0""-2"，文本框中的文字间距也将相应改变，如图2-54所示。

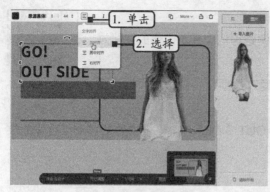
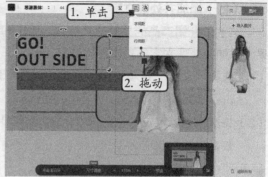

图2-53 设置对齐方式　　　　　　　　　图2-54 设置字间距

（7）单击模板上方的"颜色"按钮，在弹出的下拉列表框中选择"红色"选项，文本框中的字体颜色均变为红色，如图2-55所示。

（8）使用相同的方法，在红色矩形形状上添加文本"'新'品发布会清凉一夏"，并将"颜色""字体""字号""对齐方式""字间距"及"行间距"分别设置为"浅绿色""思源黑体粗""28号""左对齐""1和0"；在红色直线处添加文本"全场8折起　先领券再购物 尊享折上折　好货特惠 限时疯抢！"，并将"颜色""字体""字号""对齐方式""字间距"及"行间距"分别设置为"深灰色""思源黑体粗""16号""左对齐""1"和"1"，效果如图2-56所示。

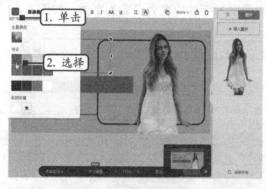

图2-55 修改文本颜色　　　　　　　　　图2-56 添加其他文本

（五）保存文件

当海报制作完成后，我们需将其保存至计算机中。Fotor提供了JPG、PNG和PDF这3种文件格式，可以满足绝大部分图像的存储需求。存储图像的具体操作如下。

微课：保存
Banner 文件

（1）单击网页上方的"保存"按钮，在弹出的保存界面中，将"文件名""文件格式"和"质量"分别设置为"夏装海报""JPG"和"高清"，单击 下载 按钮，如图2-57所示。

（2）打开"新建下载任务"对话框，设置下载的路径，单击 下载 按钮，即可下载图像文件，如图2-58所示（配套资源：效果文件\项目二\夏装海报.jpg）。

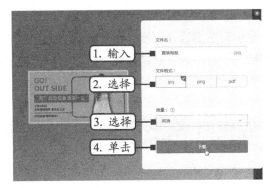

图2-57 设置文件名称与格式

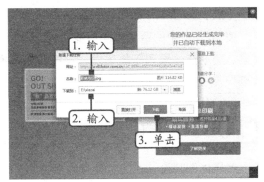

图2-58 设置保存路径

三、相关知识

Fotor在线设计工具有许多实用但本任务中未介绍的功能，如自定义模板、多页设计、投影及透明度功能，下面将具体介绍。

（一）自定义模板

作为图像设计工具，自定义模板是最基础的功能之一。虽然Fotor提供了大量的模板，如在线印刷、社交媒体、电商、横幅广告以及海外平台，但多媒体设计中往往会出现特殊的大小要求，此时便可通过"创建自定义尺寸"功能来确定模板的大小，如图2-59所示。

（二）多页设计功能

多页设计相当于建立了一个新的画布，用户可在该画布上进行新的设计。多页设计能够在保留原图的基础上，使用不同的颜色、版式、素材和文字等快速进行对比，选出理想中的图片，如图2-60所示。

（三）投影的使用

在多媒体设计中，投影的方向、大小能体现出光照的方向与强弱，能够使物品看起来更真实，如给镜子添加投影，会从视觉上产生"悬挂"的效果（见图2-61）；给鞋子添加投影，会从视觉上产生"平放"的效果。但需要注意，不合适的投影会使图片显得很"脏"，投影的本质是在画布上添加与投影目标相对应的灰色影子，而灰色在视觉中容易造成"脏"的错觉。因此，使用投影需谨慎。

图2-59 自定义尺寸　　　　图2-60 多页设计功能

图2-61 投影的使用

（四）透明度的使用

使用Fotor中的透明度功能能够调节图片、文字和贴图的透明度，使其达到"虚化"的效果。透明度主要用于抠毛发、涂抹颜色等操作，但使用Fotor处理起来十分不便，因此不常用。

扩展知识——uupoop在线图片编辑器

多媒体图片设计在线工具有许多，除了用于平面设计的Fotor工具外，uupoop在线图片编辑器也是一款操作简单、能够用于图像处理和平面设计的在线工具。它包含了照片编辑器、3秒抠图、淘宝海报制作、公众号封面制作、手机海报制作及GIF闪图制作等众多实用功能，能够满足绝大多数多媒体设计的需要。下面进行简单介绍。

（一）照片编辑器

uupoop的照片编辑器与美图秀秀类似，通过自带的修图、美容、特效、贴膜特效、边框和饰品文字功能来快速处理图片。尽管uupoop对图片的处理精度不高，但用户使用时易于上手，操作难度低，如图2-62所示。

图2-62　照片编辑器

（二）3秒抠图

在多媒体图像设计中，抠图是基本的操作，而uupoop提供了一种快速抠图的方法，通过用蓝色的画笔选择大概保留的区域，用红色的画笔选择大概删除的区域，系统将自动通过图像的颜色辨别保留的部分与删除的部分，如图2-63所示。

图2-63　3秒抠图

需要注意的是，3秒抠图虽然快捷，但精确度不高，且只适用于同种颜色范围较大、色差较为明显的抠图，不适用于细致图像的抠图。

（三）海报、主图和公众号封面的制作

uupoop中提供了4种模板类型，包括微信公众号配图、手机海报、电商BAMNER、主图/直通车。与Fotor不同的是，uupoop不能自定义画布大小，只能用提供的模板进行创作。

用户参考网站提供的模板，结合自身的产品、推广语等内容，修改图像中的背景、图片及文字，能够快速制作出海报、主图或公众号封面，如图2-64所示。

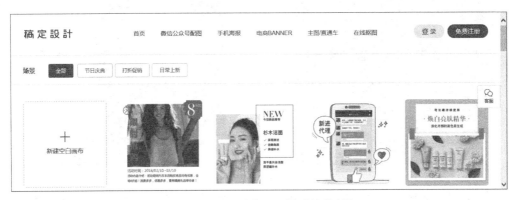

图2-64　海报、主图和公众号封面的制作

（四）GIF闪图制作

除了静态的图像设计外，uupoop还提供了GIF闪图的制作功能。打开图片后，用户可选择使用GIF动画模板中的内容，为图片添加GIF效果，也可以自己添加帧，制作独一无二的GIF闪图，如图2-65所示。

图2-65　制作GIF闪图

课后练习

本项目主要介绍了使用美图秀秀处理人物图像和使用Fotor设计海报的相关知识，还介

绍了uupoop的相关功能，希望读者通过课后练习能够更好地掌握不同软件的使用方法。

一、美化人物图像

本练习将使用美图秀秀美化人物图像（配套资源：素材文件\项目二\人物美白.jpg），包括添加特效、皮肤美白和祛痘除斑等操作，美化前后的效果对比如图2-66所示（配套资源：效果文件\项目二\人物美白.jpg）。

图2-66 效果对比

提示：打开素材图像后，首先调整颜色亮度和对比度，添加"软化"特效，然后选择"皮肤美白"美容方式进行"局部美容"，最后选择"祛痘祛斑"美容方式为人物面部祛痘祛斑。

二、制作食品促销海报

本练习将使用Fotor在线工具制作"食品促销"海报，在Fotor中导入提供的素材文件（配套资源：素材文件\项目二\食品促销.jpg、点缀元素.png），使用提供的素材展现完整的食品促销海报效果，完成后的参考效果如图2-67所示（配套资源：效果文件\项目二\食品促销.jpg）。

图2-67 制作食品促销海报

提示：首先自定义海报尺寸，导入素材后，吸取"食品促销.jpg"图片的背景色作为海报的背景色，并调整图片大小，然后添加形状和文字，并对字体、颜色等进行美化调整。

项目三
使用Photoshop处理图像

Photoshop是一款专业的图形图像处理软件，功能更加强大，能够对图形图像进行更细致、更复杂的处理。在色彩搭配、图像构图及形状设计等图像效果设计方面，Photoshop对创作人员有更高的要求。在电子商务中，Photoshop常用于网页主图、产品宣传海报的设计，以及对图像进行较为复杂的操作处理，能制作出美观、绚丽的图像效果。通过本项目的学习，读者应掌握处理商品图片、制作商品主图、制作宣传海报及设计首效果图的思路和操作方法。

课堂学习目标

● 掌握裁剪、修补、调整图片颜色、抠取图像等基本操作

● 掌握制作商品主图的方法

● 掌握制作宣传海报的思路和操作方法

● 掌握设计首页效果图的方法

任务一 处理一组商品图片

不论是拍摄的图片，还是通过网上下载的图片，难免会有一些瑕疵，或镜头倾斜，或色彩失衡，或污点显眼，或背景难看。若想在保证商品图片真实性的情况下使图片更为美观，通常需要进行专业的图片处理。在多媒体图像设计中，Photoshop软件具有良好的图像文件兼容性及专业的图像处理功能，它是常用的图像处理软件之一。

一、任务目标

为了使他人在浏览图片时有更好的视觉效果，在使用图片前通常需要进行一些细节上的修复。图片的修复大致可分为视觉平衡的修复、污点瑕疵的修复、色彩效果的修复和背景的替换。

在拍摄一张图片时，拍摄者会或故意，或无意地制造倾斜效果，但若想展示图片上的商品，过度的倾斜不利于他人观看，此时就需要对其进行倾斜的矫正。在矫正倾斜后，图片的长宽比往往与最初的比例不同，此时需要通过裁剪工具进行图片的裁剪。

一张图片上或多或少会存在一些污点。对于草坪而言，随地乱扔的塑料袋是污点；对于衣服而言，过多的褶皱也是污点。通过修复工具将图片上不需要的部分清除掉，能够使图片显得更为美观。

不是所有的图片色彩都能产生良好的视觉体验，如想拍出春天的气息，但叶子不够绿；如想拍出服装的质感，但色调太暗等，通过色阶、色相/饱和度、曝光度、色彩平衡及曲线等工具进行调节，可以使图片达到理想的效果。

在拍摄商品图片时，往往会将商品放在一个纯色的背景中拍摄，方便后期处理。但也存在需将随意拍摄的商品单独"提取"出来，放置在另一个背景中的情况，此时需要掌握抠图的技巧。

本任务将使用Photoshop CC处理一组商品图片，需要用到Photoshop的图片编辑、色彩调整和污点修复等功能，使商品图片更真实、更美观，能够吸引更多的消费者购买该商品。参考效果如图3-1所示。

图3-1 商品图片效果

图3-1　商品图片效果（续）

二、任务实施

下面将对一组服装商品图片进行处理，包括调整图片大小、调整曝光度、调整色调、锐化图片、修复污点及更换服装颜色等操作。

（一）打开图像文件

在处理商品图片前，需要先打开图像文件。在Photoshop CC中打开图像文件的具体操作如下。

（1）双击桌面上的Photoshop CC快捷图标，启动Photoshop CC。

（2）选择【文件】/【打开】命令，如图3-2所示，或按【Ctrl+O】组合键，打开"打开"对话框。

（3）在"打开"对话框中拖动鼠标框选提供的图片（配套资源：素材文件\项目三\背景.jpg、服装展示.jpg、女大衣.jpg、童装.jpg、羽绒服.jpg），单击 按钮，如图3-3所示，即可打开选择的图片。

 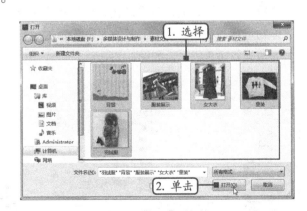

微课：打开图像文件

图3-2　选择"打开"命令　　　　图3-3　"打开"对话框

（二）复制图层

为了保护原图不被更改，通常在处理图片前可先复制图层。下面复制"服装展示.jpg"图片的"背景"图层，其具体操作如下。

（1）在图像窗口的标题栏中选择"服装展示.jpg"图片，在"图层"面板

微课：复制图层

的"背景"图层处单击鼠标右键，在弹出的快捷菜单中选择"复制图层"命令，如图3-4所示。

（2）在打开的"复制图层"对话框中，在"为"右侧的文本框中输入"图层1"，单击[确定]按钮，即可复制图层。如图3-5所示。

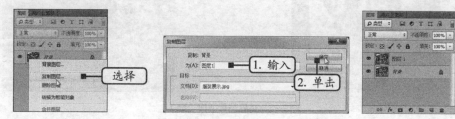

图3-4 复制图层选项　　　　　　　　　　　　　　图3-5 复制图层

提示　　选择需要复制的图层，按【Ctrl+J】组合键，即可在该图层上方复制一个名为"图层1"的图层，也可直接将需要复制的图层拖动到"图层"面板下方的"创建新图层"按钮上，释放鼠标即可复制该图层。

（三）矫正并裁剪图片

观察发现，"服装展示.jpg"图片视觉角度不正确，且图片偏大，商品展示效果不明显，因此，需要矫正图片的视觉角度并裁剪图片，其具体操作如下。

微课：矫正并
裁剪图片

（1）选择"图层1"图层，选择【编辑】/【自由变换】命令，或按【Ctrl+T】组合键，即可进入"自由变换"模式，如图3-6所示。

（2）将鼠标指针移动到定界框外侧，当指针变为 形状时，按住鼠标左键旋转图像，当主体物与定界框的垂直分界线水平时，释放鼠标并在矩形裁剪框内双击或按【Enter】键完成倾斜矫正操作，如图3-7所示。

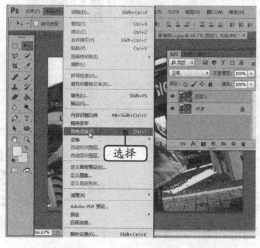

图3-6 选择"自由变换"命令　　　　　　　　　　图3-7 矫正倾斜的图片

> 提示　除了通过旋转矫正倾斜图片外，还可选择"透视裁剪工具"■，在图像编辑区中框选裁剪区域，进行倾斜图片的矫正。

（3）在工具箱中选择"裁剪工具"■，或在英文输入法状态下按【C】键，此时图像编辑区中将显示裁剪框。在图片右侧的中心点控制处按住鼠标左键不放，向左拖动裁剪框，确认裁剪区域，使用相同的方法在左侧和上方依次向右和向下拖动，调整裁剪区域，如图3-8所示。

（4）确认裁剪区域后按【Enter】键完成裁剪操作，裁剪后的效果如图3-9所示。

图3-8　裁剪图片

图3-9　确认矫正与裁剪后的效果

> 提示　选择"裁剪工具"■，在工具属性栏中单击 ■■ 按钮，在打开的下拉列表框中选择"宽×高×分辨率"选项，此时在工具属性栏右侧将显示"宽""高""分辨率"所对应的文本框，在其中分别输入固定值，可按尺寸裁剪图片。

（四）保存图片

在操作完图片后，需要保存图片效果。通常情况下，常用的图片格式为PNG与JPG。但为了方便对图片进行修改，保存图片时，还需存储为Photoshop可修改的PSD格式，其具体操作如下。

微课：保存图片

（1）在Photoshop CC中选择【文件】/【存储为】命令，如图3-10所示，或按【Ctrl+Shift+S】组合键，打开"另存为"对话框。

（2）在"另存为"对话框中的"文件名"右侧的文本框中输入"服装展示"，在"保存类型"下拉列表中选择"Photoshop(*.psd;*.pdd)"选项，单击 保存(S) 按钮，如图3-11所示，即可将其存储为PSD格式（配套资源：效果文件\项目三\服装展示.psd）。

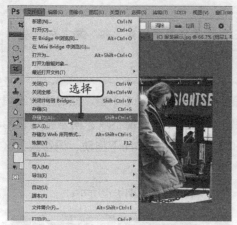

图3-10 选择"存储为"命令   图3-11 保存图片

（五）使用修补工具

观察发现，"羽绒服.jpg"图片的服装有过多的褶皱，瑕疵和褶皱会降低产品的质感，使商品显得廉价。因此，需要使用修补工具去除瑕疵和褶皱，其具体操作如下。

微课：使用修补工具

（1）选择已打开的"羽绒服.jpg"图片文件（配套资源：素材文件\项目三\羽绒服.jpg），按【Ctrl+J】组合键复制背景图层。在工具箱中选择"修补工具" ，按住鼠标左键为褶皱创建选区，如图3-12所示。

（2）向右拖动选区去除褶皱，使用相同的方法继续处理衣服上的其他褶皱，注意保留缝线周围的褶皱，处理后的效果如图3-13所示。

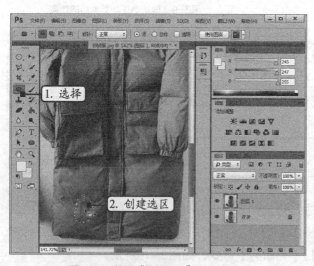

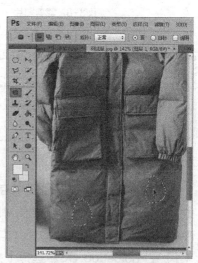

图3-12 使用"修补工具"创建选区   图3-13 修复衣服褶皱

（六）调整商品图片的色彩

在去除了羽绒服上的瑕疵与褶皱后，为了使图片效果更加符合商品本身，需要对图片画面的整体色调进行调整。下面利用色阶、色相/饱和度、曲线及亮度/对比度等命令调整商品图片的色彩，其具体操作如下。

微课：调整商品图片的色彩

（1）在"羽绒服.jpg"图像窗口中，选择"图层1"图层，选择【图像】/【调整】/【色阶】命令，在打开的对话框中设置两端的滑块值为"11""248"，如图3-14所示，单击 确定 按钮。

（2）选择【图像】/【调整】/【色相/饱和度】命令，在打开的对话框中将"色相""饱和度""明度"分别设置为"0""+8""+4"，如图3-15所示，单击 确定 按钮。

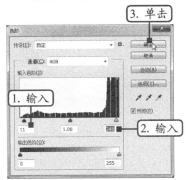

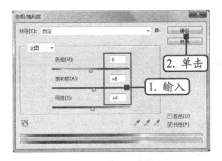

图3-14 调整色阶　　　　　　　　　　图3-15 调整色相/饱和度

（3）选择【图像】/【调整】/【亮度/对比度】命令，在打开的对话框中将"亮度""对比度"分别设置为"0""9"，如图3-16所示，单击 确定 按钮。

（4）选择【图像】/【调整】/【曲线】命令，打开"曲线"对话框，在"通道"下拉列表框中选择"RGB"选项，将"输出""输入"分别设置为"133""123"，如图3-17所示，单击 确定 按钮。

（5）返回图像窗口，即可看到调整颜色后的图片效果，如图3-18所示。

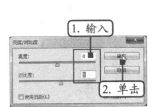
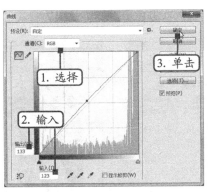

图3-16 调整亮度/对比度　　　图3-17 调整曲线　　　图3-18 调整颜色后的图片

（6）按【Ctrl+Shift+S】组合键，打开"另存为"对话框。将其以"羽绒服"为名，格式为"PSD"进行保存（配套资源：效果文件\项目三\羽绒服.psd）。

（七）替换商品图片的颜色

　　同一种商品可能会存在几种颜色，但为了拍摄的便利，有时可能只会选择一种颜色进行拍摄，而其他颜色则通过替换颜色的方法进行替换。下面将通过"替换颜色"命令将"女大衣.jpg"图像中的红色替换为黄色，其具体操作如下。

微课：替换商品图片的颜色

（1）选择已打开的"女大衣.jpg"图片文件（配套资源：素材文件\项目三\女大衣.jpg），
按【Ctrl+J】组合键复制图层。选择"图层1"图层，选择工具箱中的"魔棒工具" ，
使用魔棒工具为红色衣服创建选区，创建完成后选择【选择】/【修改】/【扩展】命
令，如图3-19所示，打开"扩展选区"对话框。

（2）在打开的对话框中设置"扩展量"为"2"，单击 确定 按钮，如图3-20所示。

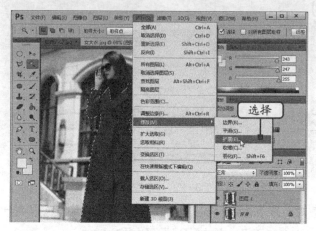

图3-19　使用魔棒工具　　　　　　　　　　　　　　　　　图3-20　扩展选区

（3）选择【图像】/【调整】/【替换颜色】命令，打开"替换颜色"对话框，单击 按钮，
在图像窗口中单击红色的大衣吸取颜色，如图3-21所示。

（4）单击选中 选区(C) 单选项，在"颜色容差"数值框中输入"95"，在"替换"栏中将
"色相""饱和度""明度"分别设置为"+62""+42""+56"，单击 确定 按
钮，如图3-22所示，可看到大衣颜色已经由红色变为金黄色。

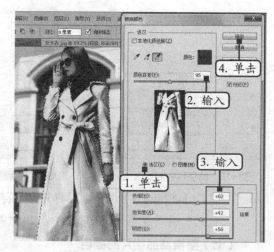

图3-21　打开"替换颜色"对话框　　　　　　　　　　　　图3-22　替换颜色

（5）按【Ctrl+Shift+S】组合键，打开"另存为"对话框，将其存储为"女大衣.psd"（配
套资源：效果文件\项目三\女大衣.psd）。

（八）使用"快速选择工具"抠取图像

对背景不合适的图片，替换背景是十分必要的操作。将商品抠取出来，放置在醒目、美观的背景上，更能够吸引消费者。下面将使用"快速选择工具" 抠取图片，其具体操作如下。

（1）选择已打开的"童装.jpg"图片文件（配套资源：素材文件\项目三\童装.jpg），选择工具箱中的"快速选择工具" ，按住鼠标左键，在"背景"图层的衣服上选择，直至衣服全被选中，按【Ctrl+J】组合键复制选区中的图像，复制的图层默认名为"图层1"，如图3-23所示。

（2）按住鼠标左键，将"图层1"图层拖动至"背景.jpg"图片文件中，如图3-24所示。

图3-23　使用"快速选择工具"选择图像

图3-24　替换图片背景

（3）使用"快速选择工具" 选择衣服的白色部分，选择【图像】/【调整】/【色彩平衡】命令，在打开的对话框中将"色阶"分别设置为"-100""0""+100"，如图3-25所示，单击 确定 按钮。

（4）返回图像窗口，即可看到调整衣服颜色后的效果，如图3-26所示（配套资源：效果文件\项目三\童装.psd）。

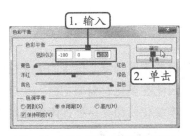

图3-25　打开"色彩平衡"对话框

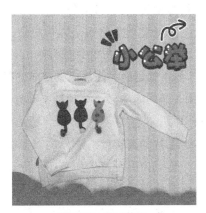

图3-26　查看效果

三、相关知识

在处理商品图片时，读者可能会产生以下一些疑问，下面具体介绍。

（一）判断商品图片调色的方法

商品图片要求真实，当拍摄的商品图片与实物存在差异时，即表示该商品图片需要调色。一张好的商品图片要求清晰、真实，但不是还原度越高越好，还需要根据表现的内容进行割舍，体现主体，虚化背景。调整颜色时，需要在真实的情况下增加物体的色感，使用巧妙、和谐的颜色调整，让商品图片更加赏心悦目，从而增加消费者对商品的喜爱程度，留下深刻印象，进而促成成交。

（二）保证处理后的图片效果不失真

在调整过程中注意把控细节，虽然调整后的图片会与实物图片有所差别，但是这种差别应该控制在一定范围内。从细节中循序渐进地处理图片，可更好地对图片处理进行控制，从而使商品图片不失真。若是因为商品图像的像素过低，放大后导致失真，可通过调整图片分辨率进行解决，分辨率越高，图像越清晰。

（三）让图片表达的信息更完整

用户可以在处理时添加一些文字，通过优美的文字引起消费者感情的共鸣。如在图片上写一些商品宣传语、商品价格和广告语之类的文字，这样更能吸引消费者眼球。精彩的文字不仅是对商品的绝佳阐述，还能从文学的美感上为商品加分。

（四）让营销图片表达更具创意

在电子商务图片营销中，图片只有在分享和转载中才能扩大影响力。想要通过图片吸引消费者，就需要将创意贯穿于整个营销过程，因为人们的话题焦点始终集中在图片上，在谈论商品时必将受到图片创意的影响。通过营销图片的创意设计，用户除了可立足主题，通过颜色、字体、文案、构图及层次感等图片效果设计技巧制作创意营销图片外，还可根据紧扣主题和形象化的设计思路和理念去制作创意营销图片。

- 紧扣主题：图片广告的最终目的是推广企业品牌和商品，所以它的核心切入点是企业品牌和商品。图片广告首先需要通过切入点构思出一个明确简洁的主题，然后围绕这个主题进行图片的设计，展示品牌的形象或商品的特点。
- 形象化：图片的形象化、场景化表达更具视觉冲击力。从图片的形象，用户能够瞬间联想到企业的品牌和商品，从而达到较好的宣传效果，在一定程度上能够对目标用户形成较好的传播影响。

（五）处理商品图片需要注意的问题

图片是网店中必不可少的一部分元素，在处理时不能盲目，需要注意一些问题，下面分别进行介绍。

- 图片的真实度：展示的商品图片，真实性是需考虑的主要因素。过度的美化往往会造成商品图片的失真，从而让消费者产生质疑。因此在美化时需要把握一个度，不要让图片失真。当然，也不是所有图片都不能过度美化，如果是处理婚纱摄影类的图片，那么需要在真实的基础上添加梦幻效果，让主题体现得更加完整。

● 图片色彩的搭配：图片色彩搭配一定要符合店铺的整体风格，这样才不会使页面太突兀，能体现店铺的"和谐美"。

● 创意是否符合主题：想要设计的图像达到理想的效果，离不开好的创意。一张好的商品图片不只是漂亮，还需要与主题相符，不能脱离现实的需求，应该在其中体现主题，让人看到效果后一眼就被吸引，无法转移目光。

● 是否体现商品工艺：在商品图的制作过程中，除了需要处理效果图片外，还需要处理商品工艺图片，通过手工、材料和格局的展示，可充分体现商品的优势。

任务二　制作"数据线"主图

在多媒体设计中，可以使用Photoshop为商品制作主图。商品主图能够提高商品点击率，从而刺激消费者购买。在设计商品主图时，版式和文字都要尽量体现商品卖点，效果要精美。

一、任务目标

首先，为了让商品展现更夺人眼球，主图版式设计中，商品需要占大部分面积，且可通过图层的方式来展现商品的细节，让消费者对关心的细节一目了然。其次，商品的质感可通过图层样式的设置来处理，使其更加真实、有立体感。此外，商品主图也离不开文字的描述，主图中的文字需要精练，重点展现卖点文字。

本任务将为"数据线"商品制作一张主图，效果如图3-27所示。由于数据线商品较小，外观上宽度较小，因此采用左图右文的方式，平衡画面。由于产品为白色，在颜色的选择上使用了科技感十足的高明度的蓝色搭配潮流的黄色。

图3-27　商品主图效果

二、任务实施

下面设计一款数据线的商品主图。通过Photoshop中的新建图像、图层、图层样式、图层蒙版、文字工具和形状工具来设计并美化商品主图，突出商品重点，简明扼要地介绍商品，给消费者留下深刻的印象。

（一）新建图像文件

在Photoshop CC中，除了可以直接在软件中打开图片文件外，还可以通过新建文件的方式自定义图片文件的大小。下面将新建"数据线主图"空白文件，其具体操作如下。

（1）选择【文件】/【新建】命令，如图3-28所示，打开"新建"对话框。

（2）将"宽度"和"高度"设置为"800像素×800像素"，将"分辨率"设置为"72像素/英寸"，在"名称"文本框中输入"数据线主图"，单击 确定 按钮创建空白文件，如图3-29所示。

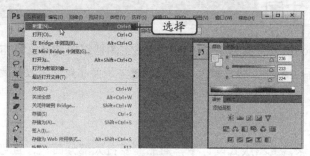

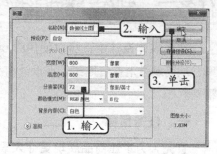

图3-28　选择"新建"命令　　　　图3-29　设置"新建"对话框

（二）渐变填充

径向渐变的背景具有层次感，用渐变背景作为数据线的背景图，能够使消费者将注意力集中在数据线上，其具体操作如下。

（1）选择工具箱中的"渐变工具" ，在工具属性栏中单击"径向渐变"按钮 ，单击渐变色条，打开"渐变编辑器"对话框，如图3-30所示。

（2）双击对话框中色条左侧下方的色标，打开"拾色器（色标颜色）"对话框，在下方"#"右侧的文本框中输入"24a6e6"，单击 确定 按钮，即可设置颜色，如图3-31所示。

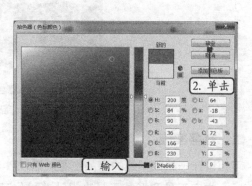

图3-30　"渐变编辑器"对话框　　　　图3-31　设置色标颜色

提示

渐变工具提供了"线性渐变""径向渐变""角度渐变""对称渐变"和"菱形渐变"5种渐变方式,默认情况下,Photoshop将渐变设置为"线性渐变"。本例使用的"径向渐变"会产生外深内浅的视觉效果,有助于将消费者的注意力集中在主图中央。

(3)同样,将右侧色标的颜色设置为"0774c8",完成颜色设置后,单击左侧色标,在"位置"文本框中输入"31",单击 确定 按钮,完成渐变颜色的设置,如图3-32所示。

(4)在背景图层中,从中心向边缘拖动鼠标创建径向渐变,如图3-33所示。

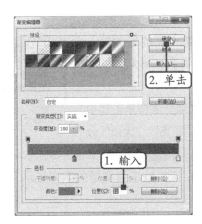

图3-32 设置色标位置

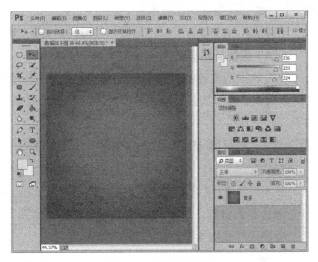

图3-33 添加渐变背景

提示

"渐变编辑器"对话框的"预设"栏中自带了16种渐变效果,单击任意效果图标,即可快速使用该渐变颜色。

(三)使用图层蒙版

本任务只想显示数据线插头的细节图,除了选择区域后复制图层外,还可以通过图层蒙版抠图,其具体操作如下。

(1)打开"数据线.png"图片文件(配套资源:素材文件\项目三\数据线\数据线.png),将其拖动到当前图像中,调整其位置和大小,如图3-34所示。

微课:使用图层蒙版

(2)打开"数据线细节图.jpg"图片文件(配套资源:素材文件\项目三\数据线\数据线细节图.jpg),将其拖动到当前图像中,调整其位置和大小。选择工具箱中的"椭圆选框工具"○,为数据线细节图右侧的插头创建选区,如图3-35所示。

(3)单击"图层"面板右下角的"添加图层蒙版"■按钮,即可只显示上述被选择的区域,

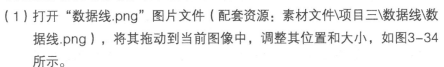

如图3-36所示。

图3-34　添加图片

图3-35　选择区域

图3-36　使用图层蒙版隐藏其他区域

（四）设置图层样式

若将数据线直接放置在背景图像上，会产生一种光影失真的违和感。此时，为数据线添加合适的图层样式，能够使其显得更加真实，其具体操作如下。

微课：设置图层样式

（1）双击"图层1"图层，打开"图层样式"对话框，在左侧列表中单击选中☑投影复选框，将"混合模式""不透明度""角度""距离""大小"分别设置为"正片叠底""56""120""7""8"，单击 确定 按钮，如图3-37所示。

（2）返回图像窗口，即可看到已设置图层样式的图片，并且在数据线图层的下方显示了设置图层样式的类型，如图3-38所示。

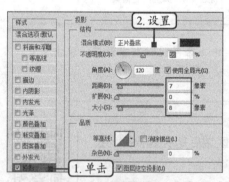

图3-37　设置图层样式

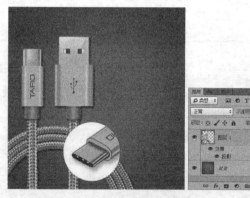

图3-38　设置图层样式后的效果

提示

投影与内阴影都是Photoshop图层样式中的投影效果，不同的是，前者的阴影显示在图像外，后者的阴影显示在图像内。投影主要用于为图像增加立体感，而内阴影则通常用于制作纸上打孔的效果。

（五）使用文字工具

想要介绍一件商品，文字的描述是必不可少的，它可以使消费者直观地了解到这是什么商品、这是什么品牌及有什么活动等，其具体操作如下。

（1）选择工具箱中的"横排文字工具" ，在工具属性栏中设置字符属性为
　　"方正兰亭中粗黑_GBK""45点""白色"，输入"ZYSJ"，此时
　　"图层"面板中出现了名为"ZYSJ"的新图层，如图3-39所示。

微课：使用文字工具

（2）设置字符属性为"110点""#f4f309"，输入"买1件"；更改字号为
　　"92点"，输入"送一件"；设置字符属性为"32.5点""白色"，输入"Type-A尼
　　龙数据线"；更改字符属性为"39点""#0774c8"，输入"买两件减"；更改字号为
　　"64点"，输入"5元"，效果如图3-40所示。

> **提示** Photoshop中的文字是矢量图，根据矢量图的特性，将文字放大、缩小任意倍数均不会失真。在文字图层上单击鼠标右键，在弹出的快捷菜单中选择"栅格化文字"命令，即可将矢量图的文字转换为位图。

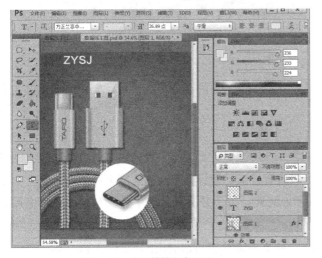

图3-39　使用横排文字工具

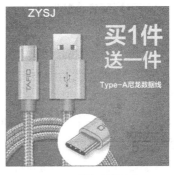

图3-40　输入其他文字

（3）在"图层"面板中按【Alt】键拖动数据线所在图层后侧的"图层样式"图标 *fx* 到"买
　　1件"和"送一件"文本图层上，复制投影效果。

（六）使用形状工具

　　若想为主图增添更多装饰元素，还可以使用形状工具添加形状，以达到
突出文字、增强图片结构等效果，其具体操作如下。

微课：使用形状工具

（1）选择工具箱中的"圆角矩形工具" ，设置填充色为"#00b7ee"，
　　在"ZYSJ"图层下方绘制半径为"30像素"的圆角矩形。

（2）取消选择圆角矩形，同时取消填充颜色，设置描边色为"白色"，粗细为"2.5点"，
　　描边样式为"实线"，在"Type-A尼龙数据线"图层下方绘制圆角矩形框，效果如图
　　3-41所示。

（3）选择工具箱中的"椭圆工具" 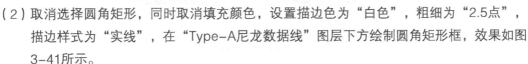，设置填充色为"#f4f309"，按住【Shift】键不放，在

"买两件减"图层下绘制黄色圆形。

（4）取消选择绘制的圆，同时取消填充颜色，设置描边颜色为"黑色"，粗细为"4点"，描边样式为"虚线"，在黄色的圆中绘制圆，完成数据线主图的制作，效果如图3-42所示（配套资源：效果文件\项目三\数据线主图.psd）。

图3-41　绘制圆角矩形　　　　　　　　　　　图3-42　完成主图的制作

三、相关知识

在讲解完主图的制作流程后，再简单介绍一下主图的制作规范，以及制作优质商品主图所必备的技巧。

（一）商品主图规范

淘宝商品主图的标准尺寸是310像素×310像素，而对于700像素×700像素以上的图片，商品详情页会提供图片放大功能，消费者将鼠标指针移至商品主图上可查看细节。由于京东、当当等主图规格都是800像素×800像素，为了方便在其他平台发布商品时不需要重新制作主图，因此一般统一主图的大小为800像素×800像素。图3-43所示为使用放大镜查看主图细节，可对衣服的面料进行观察。商品主图最多可以有5张，最少一张，第一张一般会在商品搜索页面中显示，因此需要重点制作，商品主图的大小必须控制在500KB以内。

图3-43　查看商品主图的细节

（二）制作优质商品主图的技巧

好的主图能够提高点击率，从而达到引流的目的。消费者在浏览主图时速度一般较快，如何让主图在淘宝搜索页的众多主图中成功吸引消费者眼球，是制作优质主图的关键，一般可以从以下4个方面着手。

- **卖点清晰有创意**：所谓"卖点"，就是指商品具备的别出心裁或与众不同的特色、特点，既可以是商品的款式、形状和材质，也可以是商品的价格等。卖点清晰是指让消费者即使眼睛一扫而过，也能快速明白商品的优势是什么，和别的卖家有什么不同。一个主图的卖点不需要多，但要能够直击要害，以直接的方式打动消费者。图3-44所示为用碧绿的树叶、明媚的阳光来展示空气净化器的净化效果，并以"3年只换不修、免费试用30天"打消消费者顾虑，引起消费者的购买欲。

- **商品的大小适中**：商品过大显得臃肿，过小则不利于表达细节，不利于突出商品的主体地位。而合适大小的商品图片能增加浏览时的视觉舒适感，提升点击率。图3-45所示为通过手握手电筒的近距离拍摄让消费者感受手电筒的实际大小，并且能观察到其细节特征，包括材质、纹理、按钮等细节。

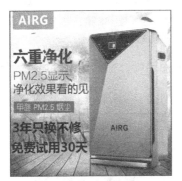

图3-44　卖点清晰有创意

图3-45　商品的大小适中

- **宜简不宜繁**：由于消费者搜索主图时浏览的速度较快，因此传达的信息越简单、明确，就越容易被接受。如商品放置杂乱、商品数量多、文字信息多、背景太杂乱、水印夸张等都会阻碍信息的传达。图3-46所示的设计简洁大气，展现出了陶瓷的自然朴实之美。

- **丰富细节**：通过放大细节提高主图的点击率，也可以在主图上添加适当的文案，如商品名称、特点与特色，包邮和特价等卖家想要表达的内容，丰富主图的细节。图3-47所示为提手部分的细节展示。

图3-46　宜简不宜繁

图3-47　丰富细节

任务三　制作宣传海报

在多媒体设计中，使用Photoshop可以制作海报。根据海报的性质分类，海报可分为商业海报、文化海报、电影海报和公益海报。宣传海报主要用于宣传商品或商业服务，属于商业海报的一种。

一、任务目标

使用Photoshop能够设置画布大小，从而满足不同尺寸海报的制作需求。宣传海报根据放置位置的不同，所要求的尺寸也有所不同，一般包括950像素、750像素和190像素3个宽度尺寸。虽然海报的尺寸不同，但其制作方法相似，都要求突出主题。本任务以制作750像素宽的海报为例进行讲解。

宣传海报是通过合适的文字、图像及色彩的组合，来向消费者展现店铺的风格。宣传海报与主图相比，更侧重风格的展示，而非商品的展示。前面的任务中已经讲解了如何处理图像，以及如何使用形状、文字等设计工具，本任务则主要介绍滤镜、钢笔工具及图层组这3个前面任务中未提及的操作。

宣传海报的最终效果如图3-48所示，该海报采用清晰、简洁的设计风格，能让人产生点击的冲动，并留下深刻的印象。

图3-48　宣传海报效果

二、任务实施

下面设计一张常规大小的海报，主题是"春"，在海报中突出春天的气息。在颜色的选择上以能够突出花的红和叶的绿为主，以柔和的氛围吸引消费者。

（一）使用滤镜添加纹理

在制作海报时，直接用图片作为背景是一种选择，但若想继续加强视觉效果，可使用滤镜库中的不同滤镜为其添加不同的质感，其具体操作如下。

（1）新建大小为750像素×250像素、分辨率为72像素/英寸、名称为"常规海报"的图像文件。打开3个素材文件（配套资源：素材文件\项目三\常规海报\），依次拖动背景、篮子和商品图像到新建图像中，按【Ctrl+T】组合键调整图片大小与位置，如图3-49所示。

（2）选择"图层1"图层，选择【滤镜】/【滤镜库】命令，如图3-50所示，打开滤镜库。

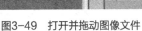

图3-49 打开并拖动图像文件

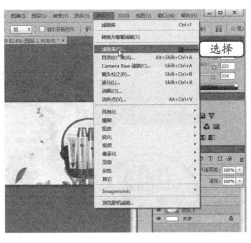

图3-50 打开滤镜库

（3）在滤镜库中选择【纹理】/【纹理化】命令，打开"纹理化"对话框将右侧的"纹
　　理""缩放""凸现""光照"分别设置为"画布""57""2""上"，单击
　　　确定　按钮，如图3-51所示。

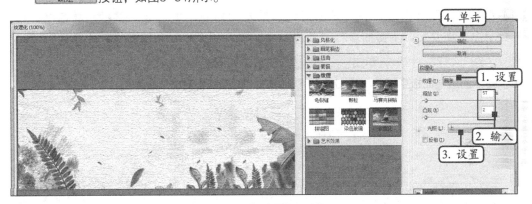

图3-51 设置纹理化

（4）返回图像窗口，即可看到纹理化后的背景图片，如图3-52所示。

图3-52 查看纹理化后的效果

（二）使用钢笔工具添加矢量蒙版

　　除了使用选区工具添加图层蒙版外，Photoshop还能够通过钢笔工具添
加矢量蒙版，其具体操作如下。

（1）选择已新建的"常规海报"文件，选择"图层2"图层，选择工具箱中
　　的"钢笔工具" ，绘制遮挡的部分篮子路径，如图3-53所示。

（2）单击鼠标右键，在弹出的快捷菜单中选择"创建矢量蒙版"命令，此时"图层"面板

微课：使用钢
笔工具添加矢
量蒙版

中，"图层2"的右侧出现了矢量蒙版图，如图3-54所示。

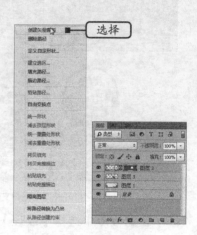

图3-53 使用钢笔工具绘制路径　　　　　　　　图3-54 创建矢量蒙版

（3）返回图像窗口，即可看到添加矢量蒙版后的图片效果，如图3-55所示。

（4）双击篮子所在图层，在打开的对话框的左侧列表中单击选中<img>复选框，设置"混合模式""不透明度""角度""距离""大小"分别为"正片叠底""30""78""7""7"，单击<img>确定按钮，如图3-56所示。

（5）在"图层"面板中按【Alt】键拖动"图层2"图标 fx 到商品所在图层上，复制投影效果。

图3-55 添加矢量蒙版后的效果　　　　　　图3-56 添加投影

（三）创建图层组

当"图层"面板中的图层过多时，可通过添加图层组为其分类，将同一类的图层放置在同一个图层组中，便于修改时查找，其具体操作如下。

微课：创建图层组

（1）选择工具箱中的"横排文字工具" T，设置字符属性为"方正兰亭中粗黑_GBK、18点、#878787"，输入"SPRING"；设置字符属性为"方正剪纸简体、55点、#47a47c"，输入"出游"；更改字符属性为"88点、#77a754"，接着输入"记"；设置字符属性为"汉仪中圆简、22.5点、白色"，输入"初春出游　元秒"；设置字符属性为"Britannic Bold、50.5点、#f4d421"，输入"1"；选择工具箱中的"矩形工具"，设置填充色为"#ea5755"，在"初春出

游　元秒"底部绘制矩形，将该图层移至"图层3"上一层，效果如图3-57所示。

（2）在"图层"面板中按【Alt】键拖动篮子图层后侧的"图层样式"图标 *fx* 到文字"1"图层上，复制投影效果，效果如图3-58所示。

图3-57　输入文字　　　　　　　　　　　　　　　图3-58　复制图层样式

（3）在"图层"面板中单击"创建新组"按钮■，即可添加一个名为"组1"的图层组，双击"组1"图层组，使其呈可编辑状态，将其重命名为"图像"，如图3-59所示。

（4）将"图层1""图层2""图层3"及"矩形1"拖动至"图像"图层组中，如图3-60所示，此时，若单击"图像"图层组左侧的按钮●，即可同时隐藏或显示该组内的所有图层。

（5）再创建一个图层组，并命名为"文字"，将剩余的文字图层均放置在其中。单击下三角按钮▼，即可收起或展开图层组，如图3-61所示。

图3-59　创建图层组　　　　　图3-60　将图层分类　　　　　图3-61　收起图层组

（6）查看常规海报的整体效果，如图3-62所示，保存文件，完成操作（配套资源：效果文件\项目三\常规海报.psd）。

图3-62　常规海报效果

三、相关知识

海报的尺寸是与店铺的布局紧密相关的，与店招一样，卖家也可以根据需要设置常规海报和全屏海报两种样式。

- **全屏海报**：首页的全屏海报常见于导航的下方，占有较大的面积，具有震撼的视觉效果，一般用于放置店铺的活动与促销信息。全屏海报的宽度为1920像素，高度通常以不大于540像素为佳。
- **常规海报**：常规海报应符合淘宝模块的尺寸要求，其高度要求在100～600像素以内，体积要求小于300KB，按宽度可细分为950像素、750像素及190像素几个尺寸。

任务四　设计首页效果图

店铺首页是淘宝店铺形象的展示窗口，它决定了店铺的整体风格，也是引导消费者、提高转化率的重要手段。首页的好坏直接影响店铺品牌宣传和消费者的购物体验，以及店铺的转化率。淘宝首页主要由店招、轮播图片、优惠券、商品分类模块、商品陈列展示区和页尾模块等组成，每个部分起到的作用和使用方法都不相同。下面以家电店铺为例，对各个版块的制作方法进行详细介绍。

一、任务目标

本任务属于综合性案例讲解，首页效果图包含了店招、轮播图、分类模块、优惠券和页尾5个模块，通过逐一讲解不同模块的制作，读者可在巩固知识点的同时，掌握首页效果图的制作方法。

本任务将使用Photoshop CC的新建文件、油漆桶工具、色彩平衡、椭圆工具、文字工具和钢笔工具等功能，使制作的首页效果更加饱满，如图3-63所示。

图3-63　首页效果图

二、任务实施

下面为洗衣机设计首页效果图。首页效果图大致可分为通栏店招、轮播海报图、分类模块、优惠券及尾页。制作完成后再采用切片的方式保存首页的不同部分。

（一）制作通栏店招

通栏店招是淘宝中运用最广泛的一种店招，不但具有常规店招的基本信息，还能让导航条直接显示到店招中。下面将制作通栏店招。在制作时先输入店铺的文字内容，再将洗衣机图片添加到店招中，使其更加美观，其具体操作如下。

微课：制作通栏店招

（1）新建大小为1920像素×150像素、分辨率为72像素/英寸、名称为"洗衣机店铺店招"的图像文件。选择工具箱中的"矩形选框工具"，在工具属性栏中设置"样式"为"固定大小"，"宽度"为"485像素"，在文件灰色区域的左上角单击创建选区，从左侧的标尺上拖动参考线直到与选区右侧对齐，使用相同的方法在文件右侧创建参考线，如图3-64所示。

图3-64　绘制参考线

（2）打开"斜纹.psd"图像文件（配套资源：素材文件\项目三\斜纹.psd），将其拖动到图像中，调整大小使其铺满整个区域，再在"图层"面板中设置"不透明度"为"40%"。

（3）打开"店铺Logo.psd"图像文件（配套资源：素材文件\项目三\店铺Logo.psd），将其拖动到图像左侧，打开"图层"面板，单击 按钮，创建图层组，双击创建的图层组，使其呈可编辑状态，在其中输入"logo"，并将logo图层移动到图层组中，如图3-65所示。

（4）选择工具箱中的"直线工具"，设置填充颜色为"#8e8989"，在Logo的右侧绘制2像素×100像素的竖线，如图3-66所示。

图3-65　添加并编辑logo图层

图3-66　绘制竖线

（5）选择工具箱中的"横排文字工具"，在工具属性栏中设置字体为"方正韵动粗黑简体"，字号为"25点"，字体颜色为"#5f5c5c"，输入"S.M洗衣机旗舰店"文字。

（6）选择工具箱中的"圆角矩形工具" ，在工具属性栏中设置填充颜色为"#e60012"，在文字的下方绘制120像素×30像素的圆角矩形。

（7）选择工具箱中的"横排文字工具" ，设置字体为"方正韵动粗黑简体"，字号为"19点"，字体颜色为"#ffffff"，在圆角矩形中输入"收藏"文字，如图3-67所示。

（8）选择工具箱中的"自定形状工具" ，设置填充颜色为"#ffffff"，在"形状"栏右侧的下拉列表框中选择"红心形卡"选项，在"收藏"文字的左侧绘制心形，如图3-68所示。

图3-67　绘制圆角矩形并输入文字

图3-68　绘制心形

（9）打开"洗衣机素材.psd"图像文件（配套资源：素材文件\项目三\洗衣机素材.psd），将其中的洗衣机素材分别拖动到图像中，调整各素材的位置和大小。

（10）选择工具箱中的"自定形状工具" ，在工具属性栏中设置填充颜色为"#ff0000"，在"形状"栏右侧的下拉列表框中选择"思索2"选项，在洗衣机图像的左上角绘制形状，并在其上添加图3-69所示的文字，并设置字体为"方正韵动粗黑简体"，字号为"12点"，字体颜色为"#ffffff"。

图3-69　添加形状并输入文字

（11）再次使用"横排文字工具" ，输入图3-70所示的文字，并设置中文字体为"方正准圆简体"，数字的字体为"Bernard MT Condensed"，调整大小和位置，并将数字的颜色更改为"ff0000"，完成后调整其位置，使其布局更加合理。

图3-70　输入其他文字

（12）选择一个数字所在图层，在其上双击，打开"图层样式"对话框，单击选中☑复
选框，在右侧设置"不透明度""距离"分别为"50""1"，其他保持默认不变，
单击 确定 按钮，如图3-71所示。

（13）完成后复制该图层样式，并分别粘贴到其他数字所在图层和洗衣机所在图层中，添加
投影效果，如图3-72所示。

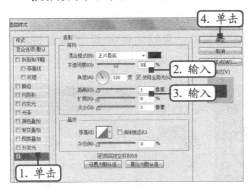
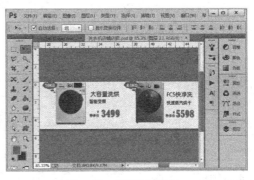

图3-71　设置投影参数　　　　　　　　　　图3-72　复制图层样式

（14）新建图层，选择工具箱中的"矩形选框工具"□，在工具属性栏中设置宽度为
"1920像素"，高度为"30像素"，在图像下面的灰色区域单击创建选区，新建图
层，将新建的图层填充为"#000000"。

（15）选择工具箱中的"横排文字工具"Ｔ，在工具属性栏中设置字体为"方正中倩简
体"，字号为"18点"，字体颜色为"白色"，在导航条上依次输入图3-73所示的文
字，并在每个文字的两侧绘制白色竖线。

图3-73　输入导航文字

（16）在导航文字下方新建图层，选择工具箱中的"矩形选框工具"□，在"店长推荐"的
上方绘制矩形选区，并填充为"#f3002e"。

（17）删除"店长推荐"左右两侧的竖线，选择【视图】/【显示】/【参考线】命令，隐藏参
考线。保存文件，完成通栏店招的制作，效果如图3-74所示（配套资源：效果文件\项
目三\洗衣机店铺店招.psd）。

图3-74　查看完成后的效果

（二）制作轮播海报图

在轮播海报中，常常需要制作多张海报图来展现不同风格的效果。下面将制作其他

风格的洗衣机全屏海报图。在制作时，通过不同颜色洗衣机的搭配，来提供丰富的视觉效果，最后使用文字对洗衣机进行简单的描述，其具体操作如下。

微课：制作轮播海报图

（1）新建大小为1920像素×750像素、分辨率为72像素/英寸、名称为"洗衣机全屏海报"的文件。打开"背景1.jpg"图像文件（配套资源：素材文件\项目三\背景1.jpg），将其拖动到页面中，调整大小和位置。

（2）打开"海报洗衣机素材.psd"图像文件（配套资源：素材文件\项目三\海报洗衣机素材.psd），将其拖动到页面右侧，调整大小和位置，效果如图3-75所示。

图3-75 添加素材

（3）选择工具箱中的"矩形工具" ，在工具属性栏中设置填充颜色为"#081d2f"，在洗衣机左侧绘制420像素×460像素的矩形，并设置"不透明度"为"60%"。

（4）选择工具箱中的"横排文字工具" ，在矩形的上方输入"店铺热销"文字，并在工具属性栏中设置字体为"思源黑体 CN"，字号为"86点"，颜色为"#2797ff"。

（5）在文字下方继续输入"智能变频滚筒洗衣机"文字，并在工具属性栏中设置字体为"思源黑体 CN"，字号为"26点"，颜色为"#ffffff"，完成后在"字符"面板中设置其间距为"442"。

（6）选择工具箱中的"直线工具" ，在文字的下方绘制330像素×3像素的直线。

（7）在直线下方继续输入"Intelligent inverter washing machine"文字，在"字符"面板中设置字体为"Algerian"，字号为"16点"，颜色为"#ffffff"，完成后单击 按钮，将英文字母大写显示，如图3-76所示。

图3-76 添加文字

（8）选择工具箱中的"椭圆工具" ，在文字的下方绘制3个80像素×80像素的圆，并设置填充颜色为"#2797ff"，完成后调整位置。

（9）打开"海报洗衣机素材.psd"图像文件，将其中的小图标拖动到圆的中间。

（10）选择工具箱中的"横排文字工具" ，在圆的下方分别输入"远程遥控""云智能""定时启停"文字，并在工具属性栏中设置字体为"思源黑体 CN"，字号为"17点"，颜色为"#ffffff"，如图3-77所示。

图3-77　添加小图标并输入文字

（11）按【Shift+Ctrl+Alt+E】组合键盖印图层，并设置图层样式为"叠加"。

（12）打开"光晕.jpg"图像文件（配套资源：素材文件\项目三\光晕.jpg），将其拖动到图像中，调整光晕位置，并设置图层样式为"滤色"，保存文件并查看完成后的效果，如图3-78所示（配套资源：效果文件\项目三\第二张洗衣机全屏海报.psd）。

图3-78　查看完成后的效果

（三）分类模块的制作

分类模块是首页中最常见的模块之一，本例在制作洗衣机店铺分类模块时，先使用不同颜色的矩形进行布局，然后将图片、文字组合起来，设计出分区清晰、美观大气的分类模块，其具体操作如下。

微课：分类模块的制作

（1）新建大小为950像素×650像素、分辨率为72像素/英寸、名称为"洗衣机店铺分类模块"的文件。选择工具箱中的"矩形工具" ，设置前景色为"#a0a0a0"，在图像编辑区中绘制大小为400像素×530像素的矩形，如图3-79所示。

（2）使用相同的方法绘制其他矩形，如图3-80所示。

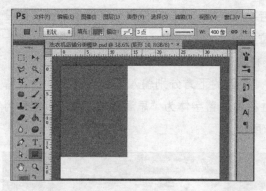

图3-79　绘制矩形

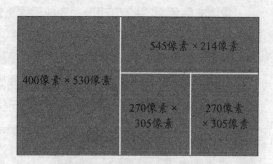

图3-80　绘制其他尺寸的矩形

（3）打开"图片4.jpg"图像文件（配套资源：素材文件\项目三\图片4.jpg），将其拖动到左上角矩形的上方，选择该图层，在其上单击鼠标右键，在弹出的快捷菜单中选择"创建剪贴蒙版"命令，将图像嵌入到矩形中，如图3-81所示。

（4）打开"图片1.jpg～图片3.jpg"图像文件（配套资源：素材文件\项目三\图片1.jpg～图片3.jpg），使用相同的方法分别对其创建剪贴蒙版，效果如图3-82所示。

图3-81　创建剪贴蒙版

图3-82　添加其他图片

（5）选择工具箱中的"矩形工具" ，设置前景色为"#ffffff"，在右上角图像的中间区域绘制545像素×65像素的矩形，并设置"不透明度"为"50%"，如图3-83所示。

（6）使用相同的方法，在下方的两个图像中分别绘制270像素×70像素的矩形，并设置"不透明度"为"50%"，如图3-84所示。

图3-83　绘制矩形并设置不透明度

图3-84　绘制其他矩形

（7）选择工具箱中的"横排文字工具" T，在工具属性栏中设置字体为"微软雅黑"，在绘制的矩形上方输入文字，并调整字体大小，如图3-85所示。

（8）选择工具箱中的"圆角矩形工具"，在"NEW-12月新品区"文字的右侧绘制90像素×25像素的圆角矩形，并设置填充颜色为"#ff0000"，如图3-86所示。

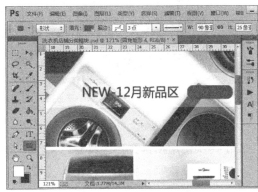

图3-85　在矩形上方输入文字　　　　　　图3-86　绘制红色圆角矩形

（9）选择工具箱中的"横排文字工具" T，在工具属性栏中设置字体为"微软雅黑"，字号为"14点"，在圆角矩形的上方输入"点击进入"文本，如图3-87所示。

（10）选择工具箱中的"自定形状工具"，在工具属性栏中设置填充颜色为"#ffffff"，在"形状"栏右侧的下拉列表框中选择"红心形卡"选项，在"点击进入"文字的左侧绘制爱心形状，如图3-88所示。

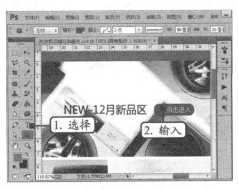

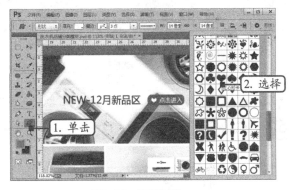

图3-87　输入点击进入图标文字　　　　　　图3-88　绘制心形

（11）将"点击进入"图标所用到的图层链接在一起，选择链接后的图层，按住【Alt】键不放向下拖动复制图标，并将其移动到下方文字的右侧，完成后的效果如图3-89所示。

（12）新建图层，设置前景色为"#ff0000"，选择工具箱中的"钢笔工具"，在左上角绘制形状，按【Ctrl+Enter】组合键转换为选区，按【Alt+Delete】组合键填充颜色为前景色。

（13）选择工具箱中的"横排文字工具" T，在工具属性栏中设置字体为"方正兰亭中黑简_GBK"，字号为"18"点，颜色为"#ffffff"，在形状上输入"Hot"文本，效果如图3-90所示。

（14）选择工具箱中的"矩形工具"，设置前景色为"#535252"，在图像左下角绘制

925像素×160像素的矩形，并设置"不透明度"为"80%"。

图3-89 复制"点击进入"图标

图3-90 绘制形状并输入文字

（15）再次使用横排文字工具输入"2017年 "，设置字体为"Freehand471 BT"；再输入"爆款"，并将字体更改为"方正韵动粗黑简体"，调整文字大小与位置，如图3-91所示。

（16）在"2017年"和"爆款"文字的中间绘制大小为145像素×40像素、颜色为"ff0000"的圆角矩形，在矩形上方输入"点击进入"，并设置字体为"方正兰亭中黑_GBK"，颜色为"#ffffff"，完成后使用前面的方法，在文字的左侧绘制爱心形状。

（17）在"点击进入"图标的下方继续输入文字，并设置字体为"方正粗宋简体"，字号为"18点"，如图3-92所示。

图3-91 输入文字

图3-92 绘制形状并输入文字

（18）打开"洗衣机小图.psd"图像文件（配套资源：素材文件\项目三\洗衣机小图.psd），将其中的图标拖动到最下方，调整各个模块的位置。

（19）选择工具箱中的"横排文字工具" T ，在各个小图标的下方输入图3-93所示的文字，并设置字体为"微软雅黑"，字号为"20点"，加粗显示。

（20）再在右侧的空白区输入"All Products 所有宝贝"，其中设置中文字体和颜色分别为"微软雅黑""#fffafa"，英文字体为"Arial"，调整字体大小与位置。

（21）选择工具箱中的"矩形工具" ，在"所有宝贝"下方绘制颜色为"#535252"和"#eeeeee"的矩形作为底纹。

（22）保存图像并查看完成后的效果，如图3-94所示（配套资源：效果文件\项目三\洗衣机店
铺分类模块.psd）。

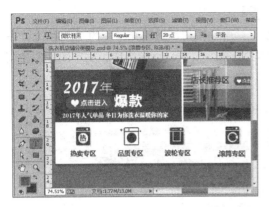

| 图3-93 添加小图标并输入文字 | 图3-94 查看完成后的效果 |

（四）制作店铺优惠券

下面将制作一款洗衣机店铺的全店通用优惠券。在设计时先确定优惠券
的内容，再进行形状的绘制，使其具有美感，其具体操作如下。

微课：制作店
铺优惠券

（1）新建大小为950像素×130像素、分辨率为72像素/英寸、名称为"优惠
券"的文件，在左侧的标尺栏中单击并向右拖动，拖出一条参考线，
将参考线拖动到图3-95所示的位置后，释放鼠标完成参考线的添加。使用相同的方法
完成其他参考线的添加。

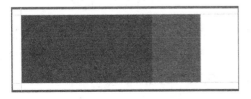

图3-95 添加参考线

（2）选择工具箱中的"矩形工具" ，在工具属性栏中设置填充颜色为"#1d80dc"，在
图像编辑区中沿着参考线绘制300像素×110像素的矩形。

（3）再次选择工具箱中的"矩形工具" ，在工具属性栏中设置填充颜色为"#535252"，
在蓝色矩形的上方绘制220像素×110像素的灰色矩形，如图3-96所示。

（4）选择工具箱中的"椭圆工具" ，绘制一个大小为10像素×10像素、颜色为
"#f4e309"的圆。选择绘制的圆，按住【Alt】键不放复制圆，沿着两矩形的交叉线进行
排列，使其形成有规律的弧线，如图3-97所示。

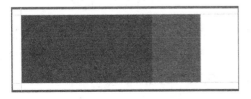

| 图3-96 绘制两个矩形 | 图3-97 绘制小圆 |

（5）在"图层"面板中选择所有图层，单击 按钮，对图层进行链接操作。选择工具箱中的"直排文字工具" ，在工具属性栏中设置字体为"黑体"，字号为"5点"，在蓝色矩形中输入"立即领取"，如图3-98所示。

（6）选择工具箱中的"自定形状工具" ，在工具属性栏中设置填充颜色为"#ffffff"，在"形状"栏右侧的下拉列表框中选择"箭头2"选项，在"立即领取"文字的左侧绘制形状，如图3-99所示。

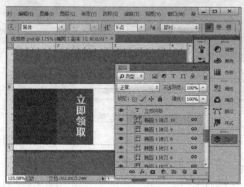
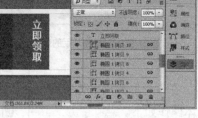

图3-98　链接图层并输入文字

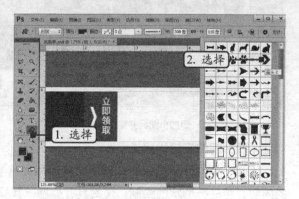

图3-99　绘制形状

（7）选择工具箱中的"横排文字工具" ，设置文字颜色为"#ffffff"，在黄色部分输入图3-100所示的文字，设置字体为"黑体"，并根据需要调整字体大小，查看完成后的效果。

（8）在"图层"面板中单击 按钮，新建组，并双击新建的组，使其呈可编辑状态，在其中输入"优惠券1"，依次将图层拖动到组中，避免在拖动过程中修改图形，如图3-101所示。

图3-100　输入其他文字

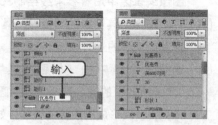

图3-101　创建组

（9）选择工具箱中的"移动工具" 选择绘制的所有图形，按住【Alt】键不放，向右进行拖动，复制其他优惠券，完成后修改图像中的金额，保存图像，并查看完成后的效果（配套资源：效果文件\项目三\优惠券.psd），如图3-102所示。

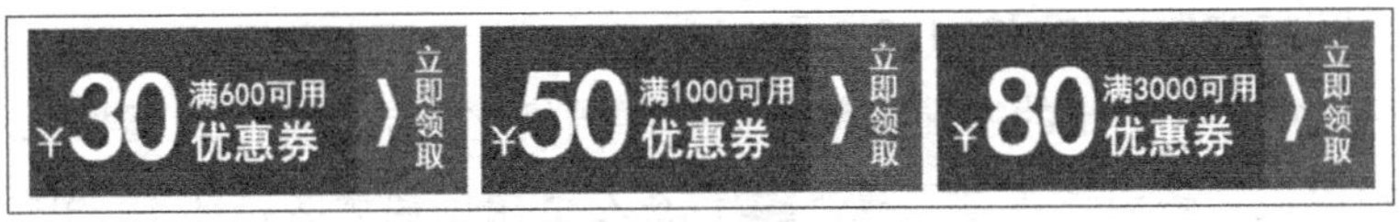

图3-102 查看完成后的效果

（五）制作首页页尾

页尾位于店铺的最后一屏，一般用于放置店铺的收藏区、手机店铺的二维码、礼品或一些抽奖活动、购物须知和店铺公告等内容，其目的在于加强品牌记忆，希望消费者下次光临。下面将从消费者浏览店铺的便利度与购物常见问题的角度出发，对洗衣机店铺的页尾模块进行设计，在设计时主要以文字描述为主，通过简单的分割线使效果变得美观，其具体操作如下。

微课：制作首页页尾

（1）新建大小为950像素×200像素、分辨率为72像素/英寸、名称为"页尾"的文件。选择工具箱中的"直线工具" ，在工具属性栏中设置描边颜色为"#a0a0a0"，描边粗细为"2点"，选择图3-103所示的虚线样式，单击 更多选项... 按钮。

（2）在"描边"对话框中设置"间隙"为"2.7"，单击 确定 按钮，如图3-104所示。

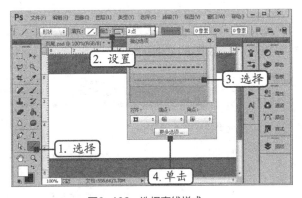

图3-103 选择直线样式

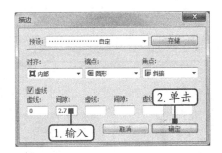

图3-104 设置描边间隙

（3）按住【Shift】键绘制水平和垂直虚线，绘制完成后，在工具属性栏中选择实线样式，设置填充色为"#898989"，在最下方绘制实线。

（4）选择工具箱中的"横排文字工具" ，设置字体为"微软雅黑"，依次输入导航、温馨提示和关于快递等文字，调整文字的大小、颜色和位置，并对标题文字加粗，如图3-105所示。

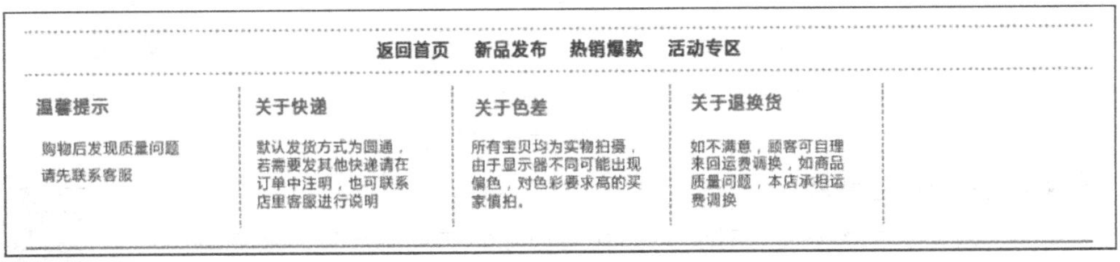

返回首页	新品发布	热销爆款	活动专区	
温馨提示	**关于快递**	**关于色差**	**关于退换货**	
购物后发现质量问题请先联系客服	默认发货方式为圆通，若需要发其他快递请在订单中注明，也可联系店里客服进行说明	所有宝贝均为实物拍摄，由于显示器不同会出现偏色，对色彩要求高的买家慎拍	如不满意，顾客可自理来回运费调换，如商品质量问题，本店承担运费调换	

图3-105 绘制虚线并输入文字

（5）选择工具箱中的"矩形工具" ，设置填充色为"#c5c5c5"，绘制大小为73像素×90像素的灰色矩形，按住【Alt】键不放向右拖动复制绘制的矩形，并将矩形颜色更改为"#ff0200"，如图3-106所示。

（6）单击鼠标右键，在弹出的快捷菜单中选择"栅格化图层"命令，栅格化灰色矩形，选择工具箱中的"多边形套索工具"，在左上角创建选区，按【Delete】键删除选区，如图3-107所示。

图3-106 绘制不同颜色的矩形　　　　　　　　　图3-107 删除选区

（7）选择工具箱中的"多边形工具"，在工具属性栏中设置填充色为白色，边为"5"。单击 ✿ 按钮，在打开的面板中单击选中 星形 复选框，设置"缩进边依据"为"50%"，拖动鼠标在灰色图形上方绘制五角星，如图3-108所示。

（8）将前景色设置为白色，选择工具箱中的"横排文字工具" T，输入文字，设置字体为"微软雅黑"，加粗"收藏、TOP"文字，将"TOP"字体更改为"Agency FB"，调整文字大小，输入">"并将其旋转"-90°"，如图3-109所示。

图3-108 绘制星形　　　　　　　　　　　　図3-109 输入文字

（9）保存文件并完成页尾的制作，如图3-110所示（配套资源：效果文件\项目三\页尾.psd）。

图3-110 查看完成后的效果

（六）切片与保存图片

下面为洗衣机店铺的首页创建切片，并将创建的切片保存到计算机中，其具体操作如下。

（1）将前面制作好的洗衣机店铺首页的各个元素按顺序拼接在一起（配套资源：效果文件\项目三\洗衣机店铺首页.psd），选择【视图】/【标

微课：切片与保存图片

尺】命令，或按【Ctrl+R】组合键打开标尺，从左侧和顶端拖动参考线，设置切片区域，如图3-111所示。

（2）在工具箱中的"裁剪工具" 上按住鼠标左键不放，在打开的工具组中选择"切片工具" ，在工具属性栏中单击 基于参考线的切片 按钮，图像将基于参考线等分成多个小块，如图3-112所示。

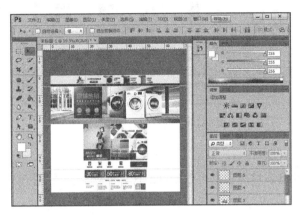

图3-111　打开素材并设置切片区域

图3-112　基于参考线切片

（3）选择【文件】/【存储为Web所用格式】命令，打开"存储为Web所用格式"对话框，选择"切片选择工具" ，按住【Shift】键选择需要的多个切片，在右侧选择优化的文件格式为"JPEG"，设置文件的品质、图像大小等，设置完成后单击 存储 按钮，如图3-113所示。

图3-113　设置保存参数

（4）打开"将优化结果存储为"对话框，在"格式"下拉列表框中选择为"仅限图像"选项，然后设置保存位置与保存名称，如图3-114所示。

（5）单击 保存(S) 按钮完成切片的储存，在保存路径下查看保存效果，即可看到一个名为images的文件夹。其中images文件夹中包含了所有创建的切片，如图3-115所示（配套资源：效果文件\项目三\images\）。

图3-114 打开"将优化结果存储为"对话框

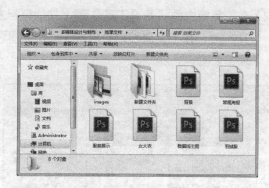

图3-115 查看保存效果

三、相关知识

在首页的设计过程中，需要先了解设计的注意事项，再根据这些注意事项对首页进行设计，下面分别进行介绍。

（一）设计的注意事项

● 店招的设计突显最新信息：消费者在浏览店铺时较随意，卖家不要妄想消费者能在繁杂的网页中找到店铺的优惠信息，所以这时店招就变得尤为重要。在店招中将促销信息体现出来，这样无论消费者跳转到哪个页面，只要仍然停留在店铺中就能看到促销信息。

● 导航条设计彰显店铺个性：导航条主要对商品的信息起导航作用，默认的内容包括"所有宝贝""首页""店铺动态"等。卖家可根据自己店铺的特殊情况添加适合的导航按钮。如店铺刚上新冬装，可以添加"冬装上新"导航，如店铺最近有新活动，也可添加"近期活动"导航等，这样不但体现了商品信息，还能让消费者对店铺有更多的了解。

● 店铺轮播海报设计：轮播海报多用于传递最新的商品信息，店铺最新优惠活动及店铺理念等。一个完美的店铺海报不仅可以彰显店铺的风格，还可以向消费者传递，可谓是一个功能齐全的首页配件。

● 店铺最新信息陈列展示区的设计要多角度突显商品信息：商品陈列展示区的设计可以是多种多样的，只要想得到就可以进行操作。需要注意的是，商品展示应该尽量避免重复，不能按照设计人员自己的喜好多次展示同款商品，需要合理展示。

● 页尾与店招承上启下：页尾属于首页的结尾部分，在页尾中不但需要对首页进行总结，还可添加分类信息，使其与店招和导航条对应，这样当需要重新进行浏览时才会显得更加方便。

（二）布局首页的要点

店铺的布局并非是将所有装修效果直接排放到店铺中，而是根据自己店铺的风格、促销活动，以及消费者的浏览习惯、需求和行为，合理组合与布局。总之，合理布局店铺首页需要注意以下6个要点。

- 店铺风格一定程度上影响着店铺的布局方式，因此选择合适的店铺风格是店铺布局的前提。店铺风格则受品牌化、商品信息、目标消费者、市场环境和季节等因素影响，在确定店铺风格时必须考虑这些因素。这样风格才能和商品统一。
- 店铺的活动和优惠信息要放在非常重要的位置，如轮播海报或活动导航，这些版块中的内容设计要清晰、一目了然，并且可读性要强。
- 在商品推荐模块中推荐的爆款或新款不宜过多，此时可通过商品分类或商品搜索将客户流量引至相应的分类页面中。
- 收藏、关注和客服等互动性版面是卖家与消费者互动的销售利器，这些版面可以提升消费者忠诚度，提高二次购买率，因此是必不可少的。
- 制作搜索或商品分类模块时，需要将商品分门别类，详细地列举出商品类目，这样有助于消费者搜索，或很快找到喜欢的类目及商品。
- 结构和商品系列要清晰明了，布局要错落有致，列表和图文搭配，减少消费者的视觉疲劳。

扩展知识

网店中不同模块的尺寸要求有所不同。以淘宝网为例，淘宝店铺装修中需要用到店标、店招、图片轮播和全屏轮播等模块，这些模块一般都有一定的尺寸限制或大小限制，清楚这些限制，是制作这些模块的前提。表3-1所示为淘宝网中常见的图片尺寸及具体要求。

表3-1　淘宝网中常见的图片尺寸及具体要求

图片名称	尺寸要求（像素）	支持图片格式
店标	80px×80px	GIF、JPG、PNG
宝贝主图	800px×800px	JPG、GIF、PNG
直通车推广图	800px×800px	JPG、GIF、PNG
钻石展位图	640px×200px、520px×280px、160px×200px、375px×130px、520px×280px、640px×200px、800px×90px	JPG、GIF、PNG
宝贝分类图片	宽度≤148px	JPG、GIF
公告栏图片	宽度≤340px，高度建议不超过450px	JPG、GIF
店招图片	默认：950px（天猫990px）×120px 全屏：1920px×150px	GIF、JPG、PNG
图片轮播	默认：950px×450～650px	GIF、JPG、PNG
全屏轮播	建议：1920px×400～600px	GIF、JPG、PNG

课后练习

本项目主要介绍了通过Photoshop处理图片，制作主图、海报及首页效果图的方法，并讲解了一些Photoshop相关的操作知识。这些内容都是非常实用的基本操作，因此需要读者好好掌握，并能够熟练运用。

一、制作灯具主图

本练习将制作灯具主图，首先打开提供的"灯具"素材文件（配套资源：素材文件\项目三\灯具素材.psd），充分使用灯具素材，制作完整的灯具主图效果，完成后的参考效果如图3-116所示（配套资源：效果文件\项目三\灯具主图.psd）。

二、制作女包海报

本例将制作女包海报，首先打开提供的"女包海报"素材文件（配套资源：素材文件\项目三\包.jpg），根据图示的参考效果进行设计，完成后的效果如图3-117所示（配套资源：效果文件\项目三\潮流女包海报.psd）。

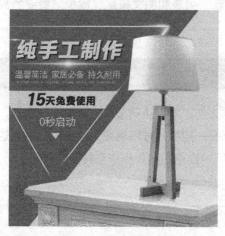

图3-116　灯具主图

图3-117　潮流女包海报

Multi - Media

项目四
录制与编辑音频

在电子商务领域中进行多媒体设计时，设计人员除了需要丰富视觉效果外，有时还需要丰富听觉效果，给人多重感官上的刺激。多媒体音频处理软件有多种，本项目主要介绍常用的Audition和GoldWave专业音频处理软件。Audition作为Adobe系列的音频处理软件，它的操作界面给使用者带来舒适的操作体验，而GoldWave具有更完善的音频处理功能。

课堂学习目标

● 掌握Audition音频软件的使用方法
● 掌握GoldWave音频软件的使用方法

任务一　使用Audition编辑音频

　　Audition是常用的多媒体音频处理软件，它是美国Adobe公司出品的一个界面直观实用且功能强大的音乐编辑软件，能高质量地完成录音、编辑和合成等多种任务。只要拥有Audition软件和一台配备了声卡的计算机，就等于同时拥有了一台多轨数码录音机、一台音乐编辑器和一台专业合成器。

一、任务目标

　　录制音频的设备有很多，如智能手机、录音笔等。本任务中将使用Audition软件录制音频，录制后可存储为高质量的音频格式，避免音质下降。

　　要将录制的音频文件应用于商业领域中，通常先要对录制的音频进行编辑处理。因为录制音频时，可能受环境干扰，出现嗡嗡声、爆破声和电流声等杂音，此时可利用Audition处理音频，减少噪声，或将多余的、不清楚的音频裁剪掉，同时可添加特效美化音频，如淡入、淡出等音效，使音频过渡柔和。

　　需要注意的是，编辑音频本质上是对一部分波纹进行改变，在处理一段音频时，难免会将该段音频中其他正常音频一同处理，导致失真的情况，因此，需要控制处理音频的力度。同时，波纹的改变往往是无法完全还原的，因此在为音频做特效处理前，需保留原始文件。

　　通过本任务的学习，读者需要掌握使用Audition录制音频、编辑及美化音频的操作方法，使录制的音频文件符合商业领域的要求。

二、任务实施

　　下面将使用Audition音频软件录制一段音频，在录制完成后，打开一段背景音乐，对两个音频文件做适当的处理后，将音频文件混合成一个新的、完整的音频。

微课：录制声音

（一）录制声音

　　Windows提供的录音机功能较为简单，而且只能录制1分钟以内的声音，若要录制长度超过1分钟的声音信息，就需要选择功能更强大的其他音频处理软件。下面介绍使用Audition CS6录制声音的方法，其具体操作如下。

（1）双击桌面上的Audition CS6快捷图标，启动Audition CS6，如图4-1所示。

（2）在"编辑器"窗格中单击下方的"录制"按钮■，打开"新建音频文件"对话框，在"文件名"文本框中输入"测试"文本，其他格式采用默认设置，单击 确定 按钮，如图4-2所示。

（3）此时将开始录制声音，对准音频输入设备输入声音信号，Audition CS6 将在中间的"编辑器"窗格中显示声音的波形，如图4-3所示。

（4）音频录制完成后，在"编辑器"窗格中单击下方的"停止"按钮■，即可停止声音的录制，如图4-4所示。

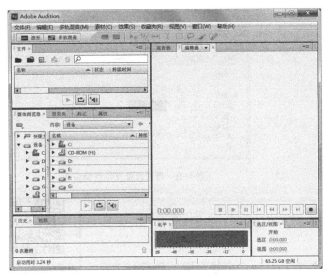

图4-1　启动Audition CS6

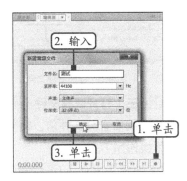

图4-2　创建录音文件

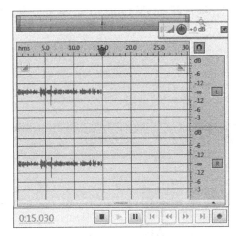

图4-3　开始录音

图4-4　停止录音

提示　　　　在音频录制的过程中，可在"编辑器"窗格中单击下方的Ⅱ按钮暂停音频的录制，再单击Ⅱ按钮可继续录音。需要注意的是，暂停录音后，容易使音频出现数秒的卡顿，在处理音频时需要将其删除。

（二）保存音频文件

在音频录制好后，需要执行保存操作来将其存储，其具体操作如下。

（1）选择【文件】/【另存为】命令，在打开的"存储为"对话框中设置文件的保存位置、格式和文件名，如图4-5所示，单击 确定 按钮保存声音文件。

（2）打开保存的目录"F:\2018年\音频文件"，即可看到存储的音频文件，如图4-6所示（配套资源：效果文件\项目四\测试.pkf、测试.wav）。

微课：保存音频文件

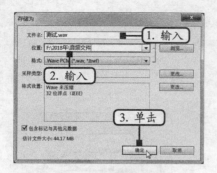

图4-5　存储音频文件

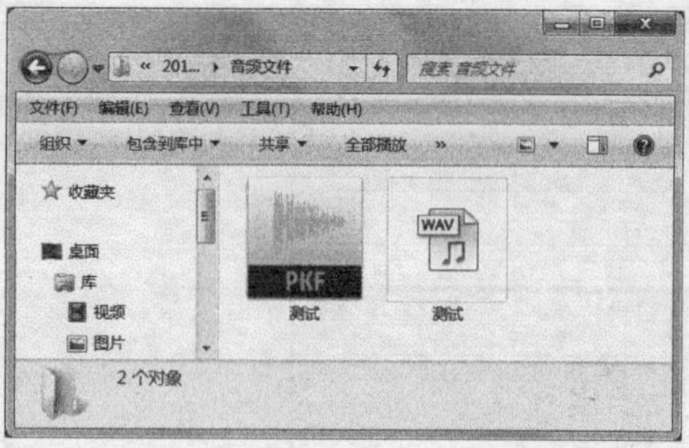

图4-6　查看音频文件存储位置

（三）打开音频文件

在编辑音频文件前，需要在Audition软件中执行打开操作将其打开，其
具体操作如下。

微课：打开音
频文件

（1）选择【文件】/【打开】命令，或按【Ctrl+O】组合键，如图4-7所
　　示，打开"打开文件"对话框。
（2）选择"BGM1.mp3"文件（配套资源：素材文件\项目四\BGM1.mp3），单击 打开(O) 按
　　钮，即可打开音频文件，如图4-8所示。

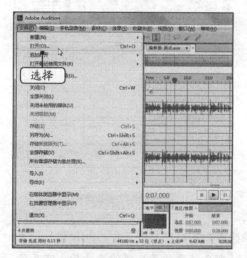

图4-7　选择"打开"命令

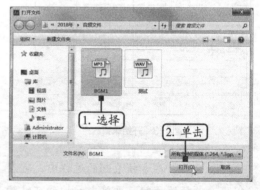

图4-8　打开音频文件

（四）剪辑音频文件

剪辑音频就是按照用户的需要对音频进行适当的剪裁，将不需要的部分
删除，其具体操作如下。

微课：剪辑音
频文件

（1）选择"测试.wav"文件（配套资源：素材文件/项目四/测试.wav），
　　在"编辑器"中拖动鼠标选择要删除的部分，选择的部分呈白色，按
　　【Delete】键删除选择的部分，如图4-9所示。
（2）继续拖动鼠标选择要移动的部分，按【Ctrl+X】组合键将选择的部分剪切到剪贴板
　　中，如图4-10所示。

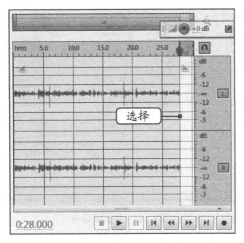

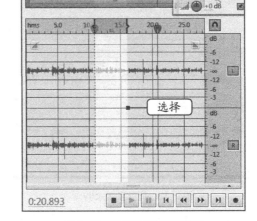

| 图4-9 选择并删除音频片段 | 图4-10 选择并剪切音频片段 |

（3）在要粘贴的位置单击鼠标，然后按【Ctrl+V】组合键将剪贴板中的音频片段粘贴到当前位置，如图4-11所示。

（4）选择【文件】/【存储】命令，或按【Ctrl+S】组合键，保存已修改的音频文件，如图4-12所示。

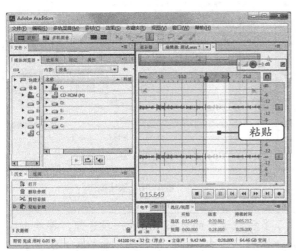

| 图4-11 粘贴音频片段 | 图4-12 存储音频文件 |

（五）编辑音频文件

如果录音环境较差，录音后的文件通常会存在音量过小、爆破音等情况；根据使用场合，部分文件需要添加淡入淡出等效果，此时我们需要对音频文件进行编辑，使音频文件达到理想的效果，其具体操作如下。

微课：编辑音频文件

（1）选择"测试.wav"文件，将鼠标光标移动到"调整振幅"按钮上，向上拖动鼠标即可放大音量，如图4-13所示。

（2）拖动鼠标选择爆破音的部分，选择【效果】/【自动修复选区】命令，即可自动修复爆破音，如图4-14所示。

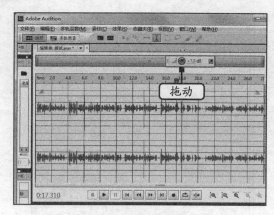

图4-13 调整音量大小　　　　　　　　　图4-14 修复爆破音

（3）选择"BGM1.mp3"文件，拖动鼠标选择需要淡入的部分，选择【收藏夹】/【淡入】命令，即可设置淡入效果，如图4-15所示。

（4）拖动鼠标选择需要淡出的部分，选择【收藏夹】/【淡出】命令，即可设置淡出效果，如图4-16所示（配套资源：效果文件\项目四\BGM1.mp3）。

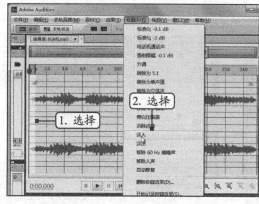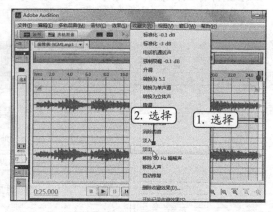

图4-15 淡入操作　　　　　　　　　　图4-16 淡出操作

 Audition的收藏夹中提供了多种预设好的效果。选择一段音频，再单击收藏夹中的效果，即可快速处理音频。但是，收藏夹中的效果可能无法完全满足音频处理的需求，此时需要在效果栏中选择合适的音频处理工具。

（六）创建多轨合成项目

录音和音频处理仅仅是对单一音频文件的操作，Audition提供了多轨合成的功能，用于将多个音频文件合成一个音频文件。在合成音频文件的过程中，用户仍能对音频的音量、效果和音频的进出点进行调整，其具体操作如下。

微课：创建多
轨合成项目

（1）选择【文件】/【新建】/【多轨混音项目】命令，或按【Ctrl+N】组合键，或单击软件中的 多轨混音 按钮，如图4-17所示，即可打开"新建多轨混音"对话框。

（2）在"混音项目名称"右边的文本框中输入"混音效果1"，其余选项保持不变，单击 ▭确定 按钮，如图4-18所示，创建一个多轨合成项目。

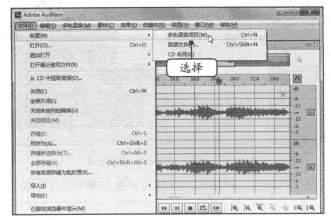

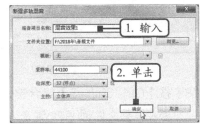

图4-17　选择"多轨混音项目"命令　　　　　　　图4-18　新建多轨混音

（3）在轨道1右侧空白处单击鼠标右键，在弹出的快捷菜单中选择【插入】/【测试.wav】选项，即可在该轨道中插入已打开的"测试.wav"文件，如图4-19所示。

（4）同理，在轨道2中插入"BGM1.mp3"文件。

（5）将鼠标光标移动到轨道2的音频上方，拖动鼠标，将其与轨道1中的音频呈右对齐，如图4-20所示。

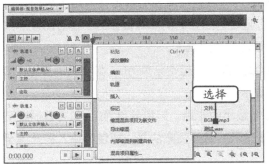

图4-19　插入音频文件　　　　　　　　　　　图4-20　移动音频文件

提示　　　　用户不仅能够拖动音轨上的文件，调整不同音频的进入时间，还能拖动音频移动至不同的音轨，将音频组合在同一条音轨中。

（6）播放音频，发现背景音乐音量过大，此时将鼠标光标移动到轨道2的音量按钮上方，拖动鼠标，将音量调整至-6，如图4-21所示。

（7）选择【多轨混音】/【混缩为新文件】/【完整混音】命令，即可将混音项目混缩为一个音频文件，如图4-22所示。

图4-21　调整音量

图4-22　完整混音

（8）按【Ctrl+Shift+S】组合键，打开"存储为"对话框，存储文件并完成制作（配套资源：效果文件\项目四\混音效果1.pkf、混音效果1.wav）。

三、相关知识

Audition中提供了大量音频效果处理命令，包括振幅与压限、延迟与回声、诊断、滤波与均衡、调制、降噪、混响、特殊效果、立体声声响及时间与变调。根据不同的需求，每个效果又可分为多个子效果，因此能够应对不同情况下多媒体音频的处理。下面将对一些常用的音频效果进行简单介绍。

（一）强制限幅

强制限幅是一个压缩比例非常大的压缩器，它将信号幅度强制限定在一定范围内，以保证不会出现过大或过小的音量，同时，能较好地控制起始时间和峰值，达到理想的波形效果。图4-23所示为"强制限幅"对话框，各参数含义介绍如下。

● 最大限幅：它以分贝为单位，用于控制最大音量。起始分贝为0，如将其调整至−10分贝，则超过−10分贝的音量将不会被显示。

● 输入提升：与最大限幅相反，它用于控制最小的音量。起始分贝为0，如将其调整至10分贝，则低于10分贝的音量将不会被显示。需要注意的是，即使将输入提升调至最大，也不会超过最大限幅。

● 预测时间：用于设置在到达最大峰值之前减弱音频的时间量。若该值过小，会出现可听见的扭曲效果。通常情况下应保证该值大于5毫秒。

● 释放时间：用于设置音频减弱向回反弹12dB所需的时间。若该值过大，则音频可能会保持安静，并在一定时间内不会恢复到正常音量。通常情况下该保证该值为100。

● 链接声道：用于链接所有声道的响度，保持立体声或环绕声平衡。

（二）延迟

通过设置不同参数的延迟效果，能够产生不同效果的回声。Audition自带了14种延迟效果，用户通过直接选择预设栏中的效果能够进行快速设置，如图4-24所示。同样，用户也可对参数进行设置，调整出想要的延迟效果。不同参数含义介绍如下。

● 延迟时间：左声道和右声道中均有延迟时间。若延迟时间的参数均为0，此时没有延迟效果。若将参数调整至正数，则延迟参数所示的毫秒；若将参数调整至负数，则提前参数所示的毫秒。

● 混合：用于设置混合到最终输出经过处理的湿信号与原始干信号的比率。若设置为50，则平均混合；若大于50，则湿信号占比高；反之则干信号占比高。

图4-23 强制限幅

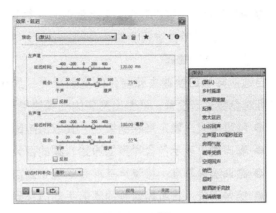

图4-24 延迟

（三）图示均衡器

Audition CS6中提供了3种图示均衡器，分别是10段、20段和30段图示均衡器。选择【效果】/【滤波与均衡】命令，在弹出的子菜单中选择相应的命令即可。3种均衡器的使用方法相同，只是频段数目不同而已，如图4-25所示。

● 范围：定义滑块控件的范围。

● 精度：精度级别越高，在低范围的频率响应越好，但需要更多处理时间。

● 主控增益：为选定的频段设置准确的增强或减弱值。

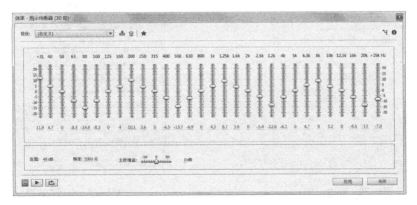

图4-25 图示均衡器

（四）镶边

镶边是通过将大致等比例的变化短延迟混合到原始信号中而产生的音频效果，如图4-26所示。用户可对参数进行设置，调整出想要的镶边效果。不同参数含义介绍如下。

● 初始延迟时间：设置在原始信号之后开始镶边的点。通过随时间从初始延迟设置循环到另一个延迟设置来产生镶边效果。

- 最终延迟时间：设置在原始信号之后结束镶边的点。
- 立体声相位：用不同的值设置左右声道延迟，以度为单位进行测量。
- 反馈：确定反馈回镶边中的镶边信号的百分比。如果没有反馈，该效果将仅使用原始信号。添加反馈后，该效果将使用当前播放点之前的一定比例的受影响信号。
- 调制速率：确定延迟从初始延迟时间循环到最终延迟时间的速度，以次数/秒或节拍数/分钟为单位进行测量。

（五）自适应降噪

自适应降噪可快速去除变化的宽频噪声，如咔嗒声、隆隆声或风声，如图4-27所示。用户可对参数进行设置，调整出想要的降噪效果。不同参数含义介绍如下。

- 降噪幅度：确定降噪的级别。其取值范围为6～30 dB。
- 噪声量：表示包含噪声的原始音频的百分比。
- 微调噪声基准：将噪声基准手动调整到自动计算的噪声基准之上或之下。
- 信号阈值：将所需音频的阈值手动调整到自动计算的阈值之上或之下。
- 频谱衰减率：确定噪声处理下降 60 分贝的速度。微调该设置可实现更大程度的降噪而失真更少。过短的值会产生发泡效果；过长的值会产生混响效果。
- 宽频保留：保留介于指定的频段与找到的失真之间的所需音频。
- FFT大小：确定分析的单个频段的数量。选择高设置可提高频率分辨率；选择低设置可提高时间分辨率。高设置适用于持续时间长的失真，如嗡嗡声；而低设置更适合处理瞬时失真，如爆音。

图4-26　镶边

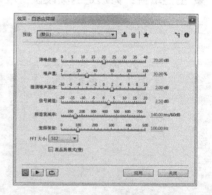

图4-27　自适应降噪

任务二　使用GoldWave编辑音频

除了Audition软件外，我们还可以使用专业的音频编辑软件GoldWave来完成音频的处理。GoldWave音频工具软件不仅可以打开多种格式的音频文件，还可以进行丰富的音频特效处理，提高音质效果，以满足不同用户的各种需求。

一、任务目标

GoldWave音频软件的独特之处在于控制器，打开软件时，控制器将自动弹出。在录音或播放音频时，用户可以看到控制器显示了波纹的震动情况，给人直观生动的视觉效果。

使用GoldWave录制音频时，用户可以通过使用录音工具直接录制音频，并在录制结束后对音频进行处理。需要注意的是，在录制音频前会预设录制时间，若设置的时间过长，在录制过程中无法观察到波纹效果，但结束录制后，多余的部分系统会自动裁剪。编辑音频时，GoldWave同样提供了必备的处理工具及丰富的音频效果，从一般特效（如多普勒、回声、混响等）到自定义特效，通过合适的音频处理，能够在保证音频质量的情况下增加特殊效果。

通过本任务的学习，读者需要掌握使用GoldWave音频软件录制及编辑音频的常用操作，以满足多媒体音频设计的各类需求。

二、任务实施

下面将使用GoldWave音频软件录制一段音频，在录制完成后，打开一段背景音乐，对两个音频文件做适当的处理后，将音频文件混合成一个新的、完整的音频。

（一）录制音频

GoldWave作为专业的音频编辑软件，同样也提供了音频录制的功能。下面介绍使用GoldWave音频工具软件录制声音的方法，其具体操作如下。

（1）双击桌面上的GoldWave快捷图标，启动GoldWave音频工具软件。

（2）进入软件操作界面，选择【文件】/【新建】命令，如图4-28所示，打开"新建声音"对话框。

（3）在"新建声音"对话框中将"初始化长度"设置为"5:00.0"，其余设置保持不变，单击 确定 按钮，如图4-29所示，新建一个空的声音文件。

微课：录制音频

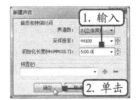

图4-28 选择"新建"命令　　　　　　图4-29 打开"新建声音"对话框

（4）确认计算机已与话筒相连接，然后单击"控制器"对话框中的"在当前选区内开始录制"按钮 ，开始录制声音，此时编辑显示窗口中将显示录制的波形，表示正在录制，如图4-30所示。

（5）录制结束后单击"控制器"对话框中的"结束录制"按钮 ，即可结束声音的录制，如图4-31所示。

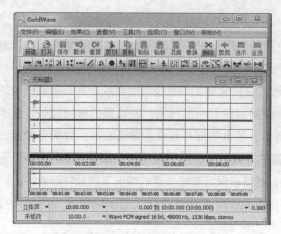

图4-30 开始录音

图4-31 结束录制

（二）保存音频文件

音频录制好后，我们需要执行保存操作来将其存储，其具体操作如下。

（1）选择【文件】/【另存为】命令，如图4-32所示。

（2）打开"保存声音为"对话框，选择音频文件保存位置，设置音频文件保存名称为"测试2"，在"保存类型"下拉列表框中选择"Wave（*.wav）"格式，单击 保存(S) 按钮，如图4-33所示（配套资源：效果文件\项目四\测试2.wav）。

微课：保存音频文件

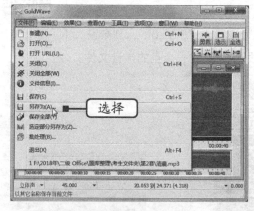

图4-32 选择"保存"命令

图4-33 保存音频文件

（三）打开音频文件

在编辑音频文件前，我们需要执行打开操作，将其在GoldWave软件中打开，其具体操作如下。

（1）选择【文件】/【打开】命令，或按【Ctrl+O】组合键，如图4-34所示，打开"打开声音文件"对话框。

（2）选择"BGM1.mp3"文件（配套资源：素材文件\项目四\BGM1.mp3），单击 打开(O) 按钮，即可打开音频文件，如图4-35所示。

微课：打开音频文件

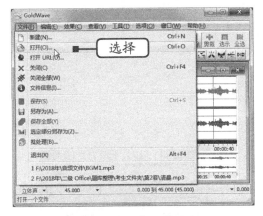

图4-34　选择"打开"命令

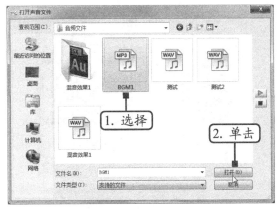

图4-35　打开音频文件

（四）裁剪音频文件

音频文件录制好后，我们可以根据需要对其进行剪裁处理，即删除掉不需要的部分，用该方法也可以提取已有音频文件中的部分音频。下面将对前面录制好的音频"测试2.wav"进行剪裁处理（配套资源：素材文件\项目四\测试2.wan），其具体操作如下。

微课：裁剪音频文件

（1）在编辑显示窗口中按住鼠标左键不放进行拖动，选择需要保留的音频波形，选择的音频波形将以蓝底状态高亮显示，未选择部分呈黑底状态显示。

（2）单击"控制器"对话框中的█按钮，可只播放选择的部分音频，通过该操作可以确认要保留的音频部分，若不合适可重新进行选择。

（3）选择不需要保留的音频波形后，单击工具栏中的"删除"按钮▨，将选择的部分删除，未选择的部分自动拼接为新的波形。

提示

选择需要保留的音频波形后，单击工具栏中的"剪裁"按钮▨▨，将未选择的部分删除，此时将只保留选择的音频波形。

（五）调整音量

调整音量包括调整音频的音量大小及设置淡入和淡出音量效果等。下面调整前面录制的音频"测试2.wav"的音量，包括选择开始的一小段，增大其音量，再为开始的一段音频添加淡入效果，其具体操作如下。

微课：调整音量

（1）在编辑显示窗口中按住鼠标左键不放并进行拖动，选择开始的一小段音频部分，然后选择【效果】/【音量】/【更改音量】命令，如图4-36所示，打开"更改音量"对话框。

（2）在"预置"下拉列表框中输入或选择一个数值，正数表示增大音量，负数表示减小音量，这里将数值设置为"2"，单击 确定 按钮即可完成音量调节，如图4-37所示。

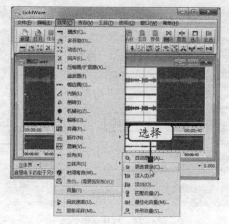

图4-36　选择"更改音量"命令

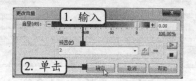

图4-37　"更改音量"对话框

 提示　调节音量时，单击"更改音量"对话框中的▶按钮，即可试听效果，根据效果再调节音量。单击"更改音量"对话框中的■按钮，即可结束试听效果。

（3）在编辑显示窗口中选择开始处的一小段音频部分，然后选择【效果】/【音量】/【淡入】命令，如图4-38所示，打开"淡入"对话框。

（4）在"预置"下拉列表框中选择"50%到完全音量，直线型"选项，单击右侧的▶按钮即可进行试听，单击 确定 按钮，完成淡入效果的设置，如图4-39所示。

（5）使用相同的方法，为该音频设置淡出效果。

图4-38　选择"淡入"命令

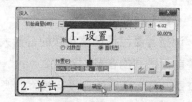

图4-39　选择淡入效果

（六）调整音频效果

　　利用GoldWave可以对声音的效果进行特效处理。如果录制的音频有比较大的噪声，我们可以利用GoldWave提供的降噪功能对其进行处理，还可以添加回声和组合音效等，其具体操作如下。

微课：调整音频效果

（1）选择全部音频，再选择【效果】/【滤波器】/【降噪】命令，如图4-40所示，打开"降噪"对话框。

（2）在"预置"下拉列表框中选择"初始噪声"选项，可有效地降低噪声，单击右侧的 ▷ 按钮即可进行试听，然后单击 确定 按钮使设置生效，如图4-41所示。

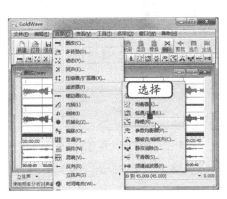

图4-40 选择"降噪"命令

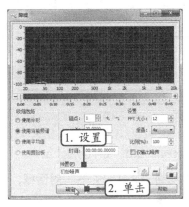

图4-41 为声音降噪

（3）选择最后一小段音频，选择【效果】/【回声】命令，如图4-42所示，打开"回声"对话框。

（4）分别调整"延迟""音量""反馈"等各项参数，对回声的效果进行设置，也可以直接在"预置"下拉列表框中选择GoldWave预置的一些常见的回声效果，这里选择"混响"选项，单击 确定 按钮完成回声的设置，如图4-43所示。

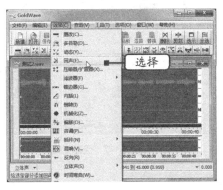

图4-42 选择"回声"命令

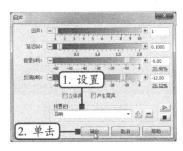

图4-43 设置回声效果

（七）混合音频文件

混合音频文件是指将多个音频文件合成一个音频文件，并保存成新的音频文件。下面对计算机中的"测试2.wav"和"BGM1.mp3"两个音频文件进行合并，其具体操作如下。

微课：混合音频文件

（1）选择【工具】/【文件合并器】命令，如图4-44所示，打开"文件合并器"对话框。

（2）单击 添加文件… 按钮，打开"添加文件"对话框，按住【Ctrl】键的同时单击鼠标，选择多个文件，单击 打开(O) 按钮，如图4-45所示（配套资源：素材文件\项目四\测试2.wav、BGM1.mp3）。

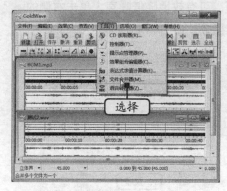

图4-44 选择"文件合并器"命令

图4-45 添加多个声音文件

（3）返回"文件合并器"对话框，根据需要调整合并的顺序，单击 合并... 按钮，如图4-46所示。

（4）打开"保存声音为"对话框，设置保存合并后声音文件的位置、类型、文件名，再单击 保存(S) 按钮，开始合并并保存音频文件，如图4-47所示（配套资源：效果文件\项目四\混音效果2.wav）。

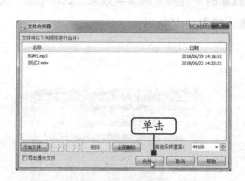

图4-46 合并文件

图4-47 保存文件

三、相关知识

除了正文介绍的音频录制及编辑功能以外，GoldWave还有许多其他的音频处理功能，如CD读取器、提示点管理器和语音转换器。下面将对其进行介绍。

（一）CD读取器

若想从CD中获取音频文件，可以直接将CD中的音频文件粘贴至本地文档中，也可以通过CD读取器获取。将CD插入计算机光驱中，打开GoldWave软件，选择【工具】/【CD读取器】命令，打开"CD读取器"对话框，在对话框中选择相应光盘中的音频文件，即可成功读取。在CD读取器中，用户可以对音频文件进行重命名，并保存为需要的音频格式，如图4-48所示。

（二）提示点管理器

提示点管理器的设置不会对音频文件产生影响，而是用于对音频的时间点进行提示操作。若一段音频分为3段，可以用A、B两个提示点进行分段，在处理音频时便于根据不同段落进行处理。选择【工具】/【提示点管理器】命令，打开"提示点"对话框，单击 新建(N)... 按钮，在打开的"编辑提示点"对话框中设置需要提示的时间点，单击 确定 按钮，完成提示点的设置，如图4-49所示。

图4-48　CD读取器

图4-49　提示点管理器

（三）语音转换器

通过GoldWave软件的语音转换器功能，可以将文本文件转换为语音文件。将一段文字保存为.txt格式，选择【工具】/【语音转换器】命令，打开"语音转换器"对话框，打开文本文件，单击 ▶ 朗读 按钮，即可使用语音合成器来读取文字（配套资源：素材文件\项目四\1.txt）。

除了将文本文件转换为语音文件外，语音转换器还提供了将语音转换为文字的功能。在"语音转换器"对话框中单击 "A" 听写... 按钮，即可使用语音识别转换语音音频为文字，如图4-50所示。

在"语音转换器"对话框中单击 语音设置... 按钮，在打开的"语音设置"对话框中可对人声、音量、语速、音调和速率进行设置，如图4-51所示。

图4-50　语音转换器

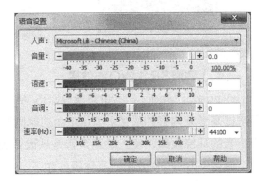

图4-51　语音设置

扩展知识——音频文件的播放

能播放音频文件的软件很多，除了系统自带的Windows Media Player外，还可以下载并安装百度音乐、酷狗音乐和QQ音乐等软件。下面以Windows Media Player为例进行介绍。

Windows Media Player是Microsoft公司开发的一个功能强大且易于使用的媒体播放器。使用Windows Media Player不仅能播放各种音频和视频文件，而且能播放流式Windows Media文件。流式Windows Media文件是通过网络传输的音频、视频或混合型多媒体文件。Media Player支持智能传输，它能监视网络情况并自动进行调整，以确保接收和播放处于最佳状态。

（一）播放媒体文件

播放媒体文件的具体操作如下。

（1）选择【开始】/【所有程序】/【Windows Media Player】命令，启动Windows Media Player，界面如图4-52所示。

（2）按【Alt】键，在弹出的菜单中选择【文件】/【打开】命令，打开"打开"对话框。

（3）在其中选择媒体文件的存放位置，然后选择要播放的媒体文件。如果要选择多个连续的媒体文件，则单击第一个待选的媒体文件，然后按住【Shift】键不放，单击最后一个媒体文件，如图4-53所示。

（4）单击 打开(O) 按钮，媒体文件将自动开始播放。

图4-52　Windows Media Player界面

图4-53　打开音频文件

（二）调整SRS WOW效果

Windows Media Player集成有SRS WOW音频增强技术，通过它可添加重低音和动态范围来提高音频内容的质量。TruBass功能则改进了低音效果，模拟大型扬声器的效果，加宽了声音的环绕效果，使人感到声音是从远处的扬声器传来的，从任何方向均可听到美妙的音乐。调整SRS WOW效果的具体操作如下。

（1）在Windows Media Player窗口中单击鼠标右键，在弹出的快捷菜中选择【增强功能】/

【SRS WOW效果】命令。

（2）在打开的"SRS WOW效果"窗口中，可以禁用或启用SRS WOW效果，也可以选择扬声器类型，还可以拖动滑块来调整TruBass和WOW效果，如图4-54所示。

图4-54 调整SRS WOW效果

（三）调整视频设置

播放视频文件时，如果要调整视频设置，可以在Windows Media Player窗口中单击鼠标右键，在弹出的快捷菜中选择【增强功能】/【视频设置】命令，在打开的"视频设置"窗口中通过拖动滑块来调整视频的亮度、对比度、色调和饱和度，如图4-55所示。

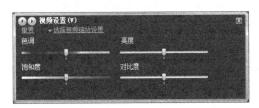

图4-55 调整视频设置

（四）在"媒体库"和"正在播放"之间切换

Windows Media Player有"媒体库"和"正在播放"两种模式，"正在播放"模式是播放器的默认模式。若要切换为"媒体库"模式，只需单击右上角的 "切换到媒体库"按钮 即可。"媒体库"模式效果如图4-56所示，用户可以在其中对计算机中的各种媒体文件进行管理。若要切换回"正在播放"模式，单击右下角的"切换到正在播放"按钮 即可。

图4-56 "媒体库"模式

（五）将媒体文件添加到"媒体库"中

将媒体文件添加到"媒体库"中的方法如下。

（1）通过翻录音乐的方法将音乐CD中的曲目复制硬盘中并添加到"媒体库"中。

（2）选择【文件】/【打开】命令，在打开的对话框中打开要添加的媒体文件。

（3）选择【文件】/【添加到库中】/【添加文件】命令，在打开的对话框中找到要添加的媒
体文件。

（4）将媒体文件从Windows资源管理器中拖动到"媒体库"窗口中。

（六）创建播放列表

使用"媒体库"可以将CD曲目及与文件或广播电台等的链接添加到播放列表中。播放
列表使用户可以将不同媒体内容集中在一起并按指定的顺序播放。创建播放列表的具体操作
如下。

（1）在"Windows Media Player"窗口工具栏中单击 » 按钮，在弹出的下拉菜单中选择
【创建播放列表】/【创建播放列表】命令。

（2）在"Windows Media Player"窗口右侧"媒体库"栏中的"播放列表"选项下将增加
一个"无标题的播放列表"选项，并呈可编辑状态，输入新的名称后按【Enter】键
即可。

（3）单击 确定 按钮，创建播放列表。

创建播放列表后，就可以将媒体文件添加到播放列表中，其具体操作如下。

（1）选择要添加到播放列表中的媒体文件。

（2）单击鼠标右键，在弹出的快捷菜单中选择"添加到"命令，在弹出的子菜单中选择刚
才新建的播放列表名称命令，即可将选择的媒体文件添加到该播放列表中。

（3）重复上面的步骤，将其他媒体文件添加到播放列表中。播放列表中可以包含任意数量
的媒体文件，而且相同的媒体文件可以重复。

对于播放列表中的媒体文件，若要进行播放，则在媒体库窗口中单击播放列表名，再单
击"播放"按钮 ⊙ 即可。

课后练习

本项目主要介绍了使用Audition音频软件和GoldWave音频软件录制及编辑音频的方
法，读者通过课后练习能够更好地掌握这两款软件。

一、使用Audition录制一段自我介绍

本练习将录制音频文件。首先打开Audition软件，然后根据自身的情况录制一段简单的
自我介绍，以掌握音频的录制方法。

二、使用GoldWave软件编辑音频

本练习将编辑音频文件。打开GoldWave软件，打开上面录制的自我介绍音频，根据音
频中存在的实际问题进行处理，使音频无回声、爆破声和嗡嗡声等一切杂音。

项目五
录制与剪辑视频

视频是多媒体中最有魅力的元素，在各种商务活动中具有直观、形象的表达能力。有时，为了达到更好的视频播放效果，我们需要对视频素材进行编辑和美化。本项目将介绍Camtasia Studio和爱剪辑这两款视频处理软件。Camtasia Studio能够实现计算机的屏幕录制，制作各类操作讲解视频，而爱剪辑提供了丰富的视频特效，能够剪辑出绚丽多彩的视频文件。通过本项目的学习，读者能掌握视频的录制、编辑和导出等操作。

课堂学习目标

- 掌握使用Camtasia Studio录制屏幕视频的方法
- 掌握使用Camtasia Studio编辑视频的方法
- 掌握使用爱剪辑剪辑视频的方法
- 掌握使用爱剪辑制作视频特效的方法

任务一　使用Camtasia Studio录制屏幕视频

Camtasia Studio是一款用于屏幕录像和编辑的工具软件。Camtasia Studio功能强大、操作简单，被广泛应用于教学、培训和销售等领域，能够快速生成短视频，被上传到网站中。其功能应用主要包括屏幕操作的录制和配音、音频编辑、视频素材编辑、添加说明字幕、视频特效制作及视频片头制作等。

一、任务目标

本任务将录制一个用于商务教学的短视频，用于介绍在PPT中创建表格的操作方法。商务教学是电子商务中一种常见的商务活动，特别是在推出某款软件、游戏时，制作用于指导使用者操作软件、游戏的视频；或介绍各种网上活动，如网上购物、网上支付等的操作方法；或用于电子书的配套资源。它还可以录制用于员工培训的视频，以及向客户展示自己的产品，对产品的使用进行说明介绍等。

用户利用Camtasia Studio能够快速实现计算机屏幕操作的录制，然后对录制的视频进行编辑。本任务中，我们将对PPT中表格的制作进行操作，Camtasia Studio将记录整个操作过程，在制作表格时，可同时进行相关操作的语音说明。完成屏幕录制后，用户可以对录制的音频和视频进行编辑处理，如音频降噪、视频分割裁剪及添加视频片头等操作，使视频更完善，更符合实际的需求。

将视频导出后的本地播放效果如图5-1所示。视频在网页中的预览效果如图5-2所示。

图5-1　本地播放效果　　　　　　　　　　图5-2　网页预览效果

在录制视频前，用户需要做好以下几方面的准备工作，使录制视频的过程顺利进行。

- **软件安装**：完成Camtasia Studio软件及其他相关软件的安装。
- **硬件设备准备**：硬件设备的准备工作包括摄像头、话筒等工具的安装与调试。
- **录制内容的设计**：对录制的内容、过程及相关素材进行准备和设计，并且要撰写录制的步骤和讲解的提纲。这样在录制的过程中才可按照事先的设想和撰写的提纲内容来录制视频，使录制过程更加流畅，减少录制视频的后期编辑工作量。

二、任务实施

下面首先启动Camtasia Studio创建项目，然后录制在PPT中创建表格的操作方法。完成录制后，根据实际情况，对多余的和有瑕疵的视频部分进行裁剪处理，对音频进行降噪。最后为录制的视频设计一个片头，并导出视频。

微课：新建和
保存项目

（一）新建和保存项目

首先新建屏幕视频录制项目，新建的Camtasia Studio项目用于存放多个同类型的录制视频，然后保存项目。新建和保存项目的具体操作如下。

（1）双击桌面上的Camtasia Studio快捷图标█，启动Camtasia Studio 9，进入新建界面，如图5-3所示。

（2）单击 ███████ 按钮，进入Camtasia Studio主界面，并新建一个未命名的项目。此时选择【文件】/【保存】命令，如图5-4所示。

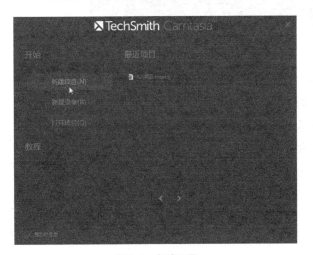

图5-3 新建项目

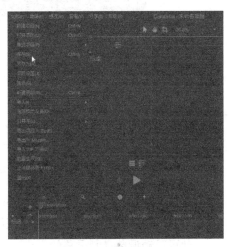

图5-4 保存项目

（3）打开"另存为"对话框，设置项目的保存位置和名称后，单击██按钮保存项目，如图5-5所示。项目文件的后缀名为".tscproj"，该文件只能通过Camtasia Studio软件打开。

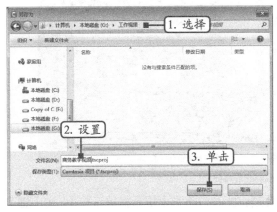

图5-5 设置项目名称和保存位置

> **提示**
>
> 　　在新建界面中单击 ████ 按钮，可直接启动视频录制，并自动新建一个未命名的项目文件；单击 ████ 按钮，可打开已有的项目。在Camtasia Studio主界面中选择"新建项目""打开项目""新建录制"等命令可中选择相应操作。

（二）录制屏幕视频

新建项目后，即可开始视频的录制工作，其具体操作如下。

（1）在Camtasia Studio主界面中选择【文件】/【新建录制】命令，或单击
左上角的 ⊙ 录制(R) 按钮，打开录制窗口，如图5-6所示。默认状态下，在
"选择区域"面板选择"全屏"模式录制视频，"录像设置"面板中
摄像头和音频呈打开状态。

微课：录制屏
幕视频

图5-6　录制窗口

提
示

在"选择区域"面板的"自定义"下拉列表中可选择自定义录制视频的
屏幕大小。在"录像设置"面板中，当摄像头呈打开状态，并且计算机安装
有摄像头，在录制计算机屏幕的同时，摄像头将录制计算机外部的视频，从
而形成画中画，右侧为其外部视频预览窗口；当需要录制音频时，话筒就必
须呈打开状态，其右侧为音量调节滑块。

（2）单击"摄像头"按钮 ◎ 关闭摄像头，保持以全屏方式录制视频，如图5-7所示，在屏
幕四周可查看到绿色的屏幕边框线和屏幕大小调节点，将鼠标指针移动到调节点上拖
动可手动调整录制屏幕的大小。

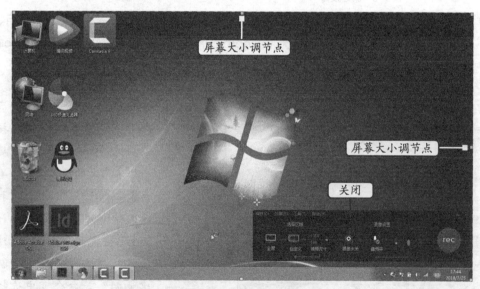

图5-7　录制视屏的屏幕显示

（3）单击录制窗口右侧的 █ 按钮，开始录制视频，此时，将弹出提示框提示按【F10】键可
结束录制，然后按照录制内容和讲解提纲的设计，在PPT中进行创建表格的操作。

（4）操作完成后，按【F10】键停止录制，返回Camtasia Studio主界面。单击"播放"按钮▶️，播放视频，可预览视频效果；在"项目库"面板中显示录制视频的选项；右侧预览窗口显示视频画面；下方的时间轴面板显示了视频的时长，轨道2为录制的音频，轨道1为录制的视频，如图5-8所示。

（5）按【Ctrl+S】组合键保存项目文件，其文件格式为.tscproj（配套资源：效果文件\项目五\商务教学视频.tscproj），双击即可打开文件。

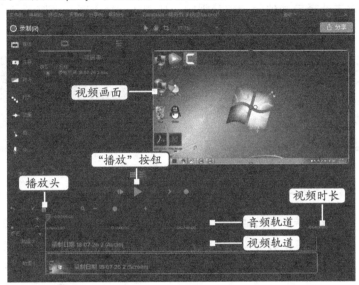

图5-8　录制后的视屏

（三）编辑录制的视频

　　录制视频时，用户想要一次就取得好的录制效果是很困难的，即使多次录制也难免出现差错或存在瑕疵，此时我们就需要对视频进行编辑处理。最常见的编辑视频就是裁剪多余的视频部分。如果涉及视频裁剪，要做到音频和视频的同步，需要依据音频播放效果，同时对音频和视频进行处理。编辑视频的具体操作如下。

微课：编辑录制的视频

（1）按住【Shift】键单击音频轨道和视频轨道，同时选择音频和视频轨道，然后将时间轴中的播放头移动到要分割音频和视频的位置，这里为"0:00:13:00"时间处，然后在上方的工具栏中单击"分割"按钮▣️，如图5-9所示，沿播放头的位置将音频和视频同时分割为两部分。

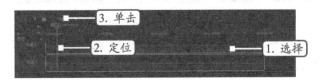

图5-9　分割视频

（2）使用鼠标单击选择前面的第一部分音频，按【Delete】键，将这部分多余的空白音频部分删除，如图5-10所示。

图5-10　删除空白的音频部分

（3）使用鼠标单击选择前面的第一部分视频，按【Delete】键，将这部分多余的视频部分
　　　删除，如图5-11所示。

图5-11　删除多余的视频部分

提示　　　　如果依据音频的播放来分割和裁剪视频，需要注意音频部分对应的视频
部分是否有实际的意义，然后根据实际情况决定视频轨道的裁剪。单独选择
音频轨道或视频轨道，可分别对音频轨道和视频轨道进行编辑处理。在编辑
过程中出现错误时，可单击工具栏中的"撤销"按钮　撤销操作，恢复原来
的正确样式，然后重新进行编辑处理。

（4）单击"播放"按钮　，将从裁剪处开始播放视频，在"0:00:49:10"时间处按空格键
　　　暂停播放。在时间轴面板的工具栏中单击"放大时间轴"按钮　，放大时间轴，方便
　　　操作。然后将播放头右侧的红色终点标记移动到"0:00:51:22"时间处，按【Delete】
　　　键，删除"0:00:49:10"到"0:00:51:22"之间的音频和视频部分，如图5-12所示。

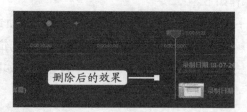

图5-12　删除选择的音频和视频部分

（5）删除选择的音频和视频后，中间位置呈现空白，这里需要选择右侧的音频部分，按住
　　　鼠标不放，拖动鼠标，将该部分音频与前面的音频相连，如图5-13所示。

（6）同时选择分割后的两部分音频，然后单击鼠标右键，在弹出的快捷菜单中选择"缝合
　　　所选媒体"命令，缝合音频文件，如图5-14所示。

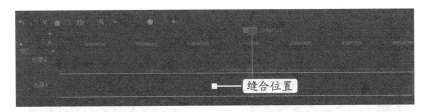

图5-13 移动音频位置 图5-14 缝合音频

（7）利用相同的方法缝合视频文件，效果如图5-15所示。

图5-15 缝合视频

（8）利用相同的方法删除其他多余的音频和视频，并进行缝合处理，最后移动音频和视频
对齐"0:00:00:00"处，完成后的时间轴效果如图5-16所示。

图5-16 编辑后的时间轴效果

（四）音频降噪

在使用录音设备录制讲解声音的同时，通常会同时对计算机周围环境的
其他声音（如计算机的电流声、人群的喧哗声等）进行记录，这些声音就属
于视频的噪声。观众在观看噪声较大的视频时，噪声会对讲解的声音造成较
为严重的干扰。因此，我们需要消除视频中的噪声，其具体操作如下。

微课：音频降
噪

（1）选择音频轨道，然后选择【修改】/【添加效果】/【音频效果】命令，再在子菜单中选
择"降噪"命令，如图5-17所示。

（2）此时在音频轨道中显示添加了降噪效果，然后单击播放控制栏右侧的 ■■■■ 按钮，打开
降噪效果的属性面板，如图5-18所示。在"灵敏度"栏中拖动滑块调整灵敏度的值，
该值越小，去除的噪声越少；该值越大，去除的噪声越多。该值应设置适中，如果过

大，可能消除讲解的声音，从而破坏整个音频的音质。设置后，再次单击 按钮，关闭降噪效果的属性面板。

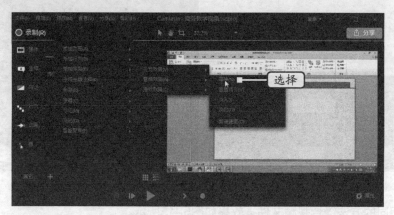

图5-17　选择"降噪"命令

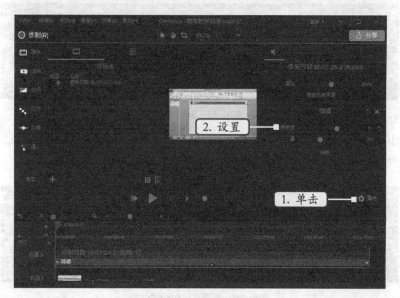

图5-18　自动降噪

 提示

在编辑录制的视频时，经常会出现在某一时间段没有语音讲解，但是却存在很大的背景噪声的情况，此时，可选择该段音频，然后单击鼠标右键，在弹出的快捷菜单中选择"静音音频"命令，如图5-19所示，用静音效果替换该段音频。

图5-19　静音替换

（五）设置鼠标指针效果

为了在视频中突出操作，用户可为鼠标指针添加特效，包括设置指针的显示效果，设置左键单击和右键单击的效果。下面设置鼠标左键单击效果为"圆环"，其具体操作如下。

微课：设置鼠标指针效果

（1）在左侧设置面板中选择"指针"选项，在展开的面板中单击"左键点击"选项卡，将鼠标指针移到任意效果选项上，这里选择"左键点击圆环"选项，按住鼠标左键不放，向右侧的视频画面中拖动即可在视频中为指针添加"左键点击圆环"特效，如图5-20所示。

（2）播放视频，在画面中可查看到当用鼠标左键执行单击操作时，指针样式显示为"左键点击圆环"，如图5-21所示。

图5-20　添加左键单击效果

图5-21　"左键点击圆环"效果

（3）在视频轨道中，单击"显示效果"按钮，显示出添加的指针效果，如图5-22所示。如果要删除添加的效果，可在效果上单击鼠标右键，在弹出的快捷菜单中选择"删除"命令，若选择"显示属性"命令，则可打开其属性面板。

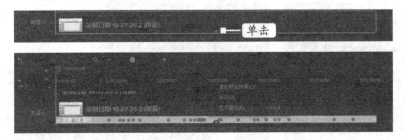

图5-22　在时间轴轨道中查看添加的效果

（六）制作视频片头

完成视频的编辑处理后，接下来用户往往需要制作视频片头。片头是视频的"脸面"，是观众对视频的第一视觉印象。一个精美的片头不仅使视频更加完善，也能吸引观众观看视频。在Camtasia Studio中，我们可以使用公共库中的媒体文件制作片头，也可以导入外部媒体文件，通过设置动态效果制作片头。

微课：制作视频片头

下面导入背景图片，为背景图片设置动态效果，并添加注释作为片头标题内容；然后导入片头的背景音乐后，设置淡入淡出的效果，完成片头的制作，其具体操作如下。

（1）在媒体设置面板底部单击▦按钮，切换媒体显示方式。然后在空白处单击鼠标右键，在弹出的快捷菜单中选择"导入媒体"命令，如图5-23所示。

（2）在打开的"打开"对话框中选择需导入的媒体文件（配套资源：素材文件\项目五\片头背景.png），单击 打开(O) 按钮导入文件，如图5-24所示。

图5-23 选择"导入媒体"命令

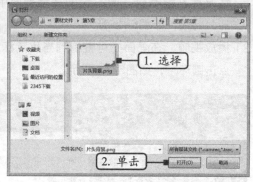

图5-24 导入背景图片

（3）选择导入的文件，单击鼠标右键，在弹出的快捷菜单中选择"添加到时间轴播放头位置"命令，如图5-25所示。图片文件自动被添加到新的轨道中，也可拖动文件到时间轴中生成新的轨道后释放鼠标，添加文件。

（4）在视频预览窗口中显示出图片，其四周将显示出控制点，将鼠标指针分别移动到图片的对角控制点上，拖动鼠标调整图片大小，如图5-26所示，将图片覆盖整个视频画面。

图5-25 在时间轴中添加导入的文件

图5-26 调整图片文件大小

（5）在设置面板中选择"行为"选项，打开"行为"面板后，将鼠标指针移到"缩放"选项上，按住鼠标左键不放，将"缩放"行为拖动到轨道3的图片文件中，为图片添加"缩放"效果，如图5-27所示。

（6）选择"转场"选项，将鼠标指针移到"转场"面板的"翻页"选项上，按住鼠标左键不放，将"翻页"转场效果拖动到轨道3的图片文件中，为图片添加"翻页"转场效果，即图片进入和退出时的动态效果，如图5-28所示。设置完成后，单击"播放"按钮，可预览添加的行为和转场效果。

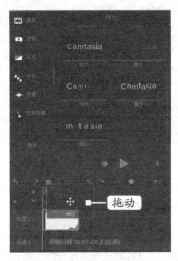

图5-27 添加缩放行为

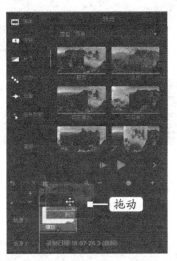

图5-28 添加转场效果

 提示

Camtasia Studio中转场可以实现视频剪辑之间的过渡效果，类似于电视或电影中一个镜头结束与下一镜头开始之间的过渡效果，如慢慢地变暗而后慢慢地变亮。

（7）选择"注释"选项，在"注释"面板中选择所需的注释选项，将其拖动到图片画面中并使其居中对齐，如图5-29所示。

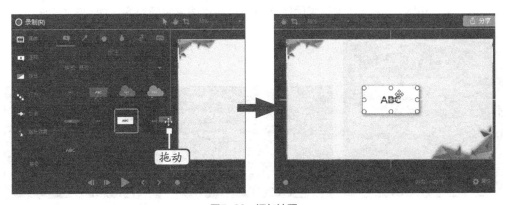

图5-29 添加注释

（8）双击注释框，定位鼠标指针，输入"快速创建表格"文字，单击■■■按钮，打开属性面板，在"文本属性"选项卡中设置字体格式为"汉仪书宋一简"，字号大小为"70"，字体颜色为"#D9A025"，如图5-30所示。

（9）单击"注释属性"选项卡，将形状填充和轮廓的"不透明度"设置为"0%"，即取消形状和轮廓的填充色，如图5-31所示。

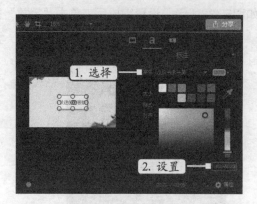

图5-30　设置文字属性

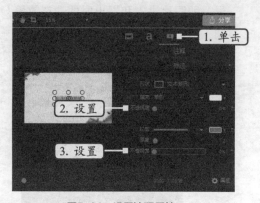

图5-31　设置注释属性

（10）在轨道4注释文件的"阴影"效果上单击鼠标右键，在弹出的快捷菜单中选择"删除"命令，如图5-32所示，删除注释文字内容的阴影效果。

图5-32　删除注释文字的阴影效果

（11）在"转场"面板中拖动"向右滑动"选项到轨道4的注释文件上，为其添加"向右滑动"转场效果，如图5-33所示。

（12）将鼠标指针移到轨道4的注释文件上，拖动鼠标使其开始端对齐轨道3图片转场进入结束后的位置，如图5-34所示。将鼠标指针移到注释文件尾部，当鼠标变为 ⟺ 形状时，拖动鼠标，使其结束位置的时间与图片播放结束时间对齐，如图5-35所示。

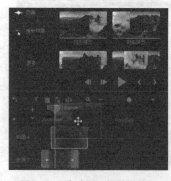

图5-33　为注释添加转场效果

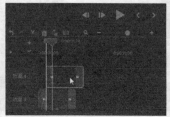

图5-34　设置注释开始播放时间

图5-35　设置注释结束播放时间

（13）将时间轴的播放头移动到初始时间，在"媒体"面板中单击"库"选项卡，然后展开"音乐曲目"文件夹，双击其中的文件选项，可预览音乐文件的播放效果。然后选择所需文件，单击鼠标右键，在弹出的快捷菜单中选择"添加到时间轴播放头位置"命令，如图5-36所示，添加片头背景音乐。

（14）添加音乐曲目后，将播放头移动到轨道3和轨道4文件的播放结束位置处，然后单击工具栏中的"分割"按钮，分割音乐文件，如图5-37所示，然后将后面部分的音乐删除，使片头内容播放完后，音乐停止。

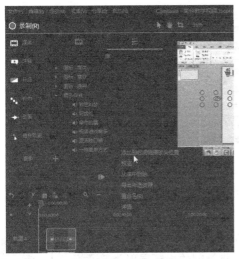

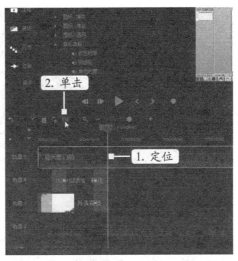

图5-36　添加背景音乐到时间轴　　　　　　　　图5-37　分割背景音乐

（15）选择轨道5的音乐曲目文件，然后选择【修改】/【添加效果】/【音频效果】/【淡入】命令，如图5-38所示，为音频添加淡入效果。然后用鼠标拖动上部的音频点向轨道左侧水平移动，减少淡入时间，如图5-39所示。

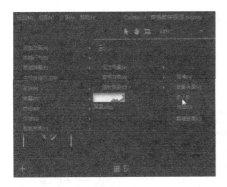

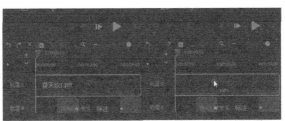

图5-38　为背景音乐添加淡入效果　　　　　　　图5-39　减少淡入时间

提示　　　用鼠标拖动上部的音频点沿轨道水平移动，拖动的距离决定音频淡入的时间；用鼠标拖动上部的音频点向上下移动，垂直拖动的距离决定音频淡入音量的变化量。用鼠标拖动下部的音频点向上下移动，垂直拖动的距离决定音频淡入的初始音量。

（16）选择【修改】/【添加效果】/【音频效果】/【淡出】命令，为音频添加淡出效果。然后使用相同的方法调整淡出时间使片头与视频衔接得更自然。

（17）片头设计完成后，将录制的视频和音频文件的播放起始处移动到片头内容播放结束处，即当片头播放完成后，紧接着播放录制的视频和讲解声音。完成后的时间轴效果如图5-40所示。

图5-40　时间轴的最终效果

（七）导出视频文件

Camtasia Studio中录制的视频只能通过Camtasia Studio打开。为了方便查看视频和将视频上传到网站，用户通常需要将录制的视频导出为普通格式的视频文件。Camtasia Studio支持导出为MP4、WMV及AVI等视频格式。下面将录制的视频导出为MP4视频格式的本地文件，其具体操作如下。

微课：导出视频文件

（1）选择【分享】/【本地文件】命令，如图5-41所示，或单击主界面右上角的 █ 分享 按钮，在弹出的菜单中选择"本地文件"选项。

（2）打开"生成向导"对话框，在欢迎界面中选择"自定义生成设置"选项，单击下一步(N) >按钮，如图5-42所示。

图5-41　导出为本地文件

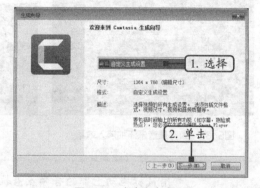

图5-42　自定义生成设置

提示

在"分享"菜单中选择"Screencast.com""Vimeo""Youtube"等命令，可将视频直接分享到相应网站中；"仅导出音频"命令表示只导出音频文件，包括WAV、M4A两种格式；"导出帧为"命令则可将当前播放画面导出为常用图像文件，包括PNG、BMP、GIF及JPG几种格式。

（3）在"您想如何生成视频？"界面保持默认设置，单击选中"MP4"单选按钮，如图 5-43所示，单击 下一步(N)> 按钮。

（4）在"Smart Player 选项"界面单击"控制条"选项卡，设置控制条，这里取消选中 "自动隐藏控制条"复选框，设置在网页中显示控制条，其他保持默认设置，单击 下一步(N)> 按钮，如图5-44所示。

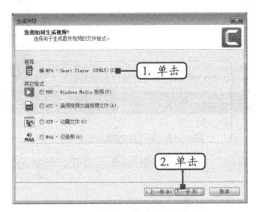

图5-43 导出为MP4文件格式

图5-44 设置播放界面控制条显示

（5）单击"大小"选项卡，可设置视频嵌入网页的大小及视频尺寸大小，如图5-45所示。 在"视频设置"和"音频设置"选项卡中可设置视频和音频的编码等参数，一般保持 默认即可，然后单击 下一步(N)> 按钮。

（6）打开"视频选项"界面，可设置作者、版权及水印内容，这里保持默认设置，直接单 击 下一步(N)> 按钮，如图5-46所示。

图5-45 设置视频大小

图5-46 视频选项设置界面

（7）打开"生成视频"界面，在"项目名称"文本框中输入生成项目和视频的名称，在 "文件夹"下拉列表框中设置生成项目的保存位置，如图5-47所示。在"生成视频" 界面左下角单击 预览(V) 按钮，在弹出的下拉列表框中选择"预览当前设置"选项， 可在浏览器中预览视频在网页中的播放效果，如图5-48所示。

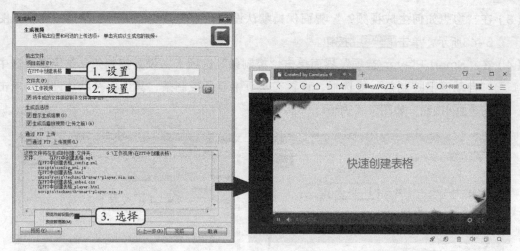

图5-47　生成视频设置　　　　　　　　　　图5-48　网页中的播放效果

（8）在浏览器中预览播放效果后，返回"生成视频"界面，单击 [完成] 按钮，开始渲染生成视频，该过程用时较长，需耐心等待。

（9）生成视频后，进入"生成完成"界面，在其中可查看生成结果，这里单击 [打开生成文件夹(O)] 按钮，如图5-49所示。打开生成的项目文件夹，在其中可查看生成的各类文件，如图5-50所示，双击MP4格式的视频文件，可启动视频播放器查看视频播放效果（配套资源：效果文件\项目五\在PPT中创建表格\）。

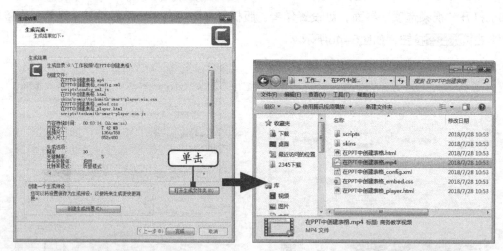

图5-49　打开生成的项目文件夹　　　　　　图5-50　查看生成的视频文件

三、相关知识

本任务讲解了多媒体设计中录屏软件Camtasia Studio的使用方法，介绍了如何录制视频、裁剪视频、音频降噪、添加转场效果及片头制作等常用操作，帮助读者顺利完成屏幕录制、编辑及视频的导出。下面将补充介绍Camtasia Studio中其他录制与编辑视频相关的操作和设置，以及注意事项等。

（一）设置项目自动保存

在编辑项目时，为了能及时保存项目，用户可以设置项目自动保存及自动保存的时间间隔。在Camtasia Studio主界面中选择【编辑】/【首选项】命令，打开"首选项"对话框，在"自动保存"下的选项中单击选中"自动保存时间间隔"复选框，启用自动保存，在其右侧的数值框中设置自动保存的间隔时间，如图5-51所示。单击下方的 ████████ 按钮，可打开自动保存项目的文件夹。

（二）工具选项设置

在录制控制窗口的"录制输入"面板中单击"摄像头"按钮 ◼ 或"音频"按钮 ◼ 右侧的下拉按钮，在弹出的下拉列表框中选择"选项"选项，可打开"工具选项"对话框，在"输入"选项卡中可设置音频和视频的录制输入参数，在"热键"选项卡中可设置录制过程中"录制/暂停""停止""选择区域"等录制控制的快捷键，如图5-52所示。

图5-51　设置自动保存　　　　　　　图5-52　录制选项设置

（三）录制注意事项

要想取得好的视频录制效果，减少录制的次数和其后的编辑工作，用户需注意以下几个方面的问题。

- **选择安静的录制环境**：录制视频时首先应考虑选择安静的录制环境。在安静环境下录制，可有效减少视频噪声和避免录制被干扰，从而保证视频的整体质量较高。
- **考虑视频的应用环境**：当视频应用到网络时，可考虑合理控制录制的视频文件的大小，尽量选择图案、颜色简单的画面录制，使后期生成的视频文件尽可能小，利于在网络中传播；如果应用于现场教学等，就需要保证操作的正确性，操作要做到规范清晰；如果录制画面时不需要操作鼠标，就要尽量保持画面的静止状态，避免生成关键帧，关键帧越少，后期生成的视频越小。
- **减少录制工作量**：为了避免多次录制，一方面，录制前要设计好录制脚本，另一方面，需要正确处理错误的操作，即当出现错误操作后，不要停止录制工作，因为我们可以通过后期的编辑处理来完成视频的制作。

（四）Camtasia Studio允许导入的文件类型和格式

Camtasia Studio允许导入的文件类型和格式如下。

- 允许导入的图像文件格式：BMP、GIF、JPG、JPEG、PNG。
- 允许导入的音频文件格式：WAV、MP3、WMA、M4A。
- 允许导入的视频文件格式：CAMREC、TREC、AVI、MP4、MPG、MPEG、MTS、M2TS、WMV、MOV、SWF。
- 允许导入的演示文件格式：PPT、PPTX。

（五）添加字幕

字幕指显示在视频上的文字，主要是在播放媒体资源时为观众提供视频画面的帮助或解释性的信息。选择【修改】/【字幕】/【添加字幕】命令，打开"字幕"面板，单击 ➕ 添加字幕 按钮，可在文本输入框中输入字幕文字，字幕预览窗口中将显示字幕内容和字幕播放起始时间，如图5-53所示。

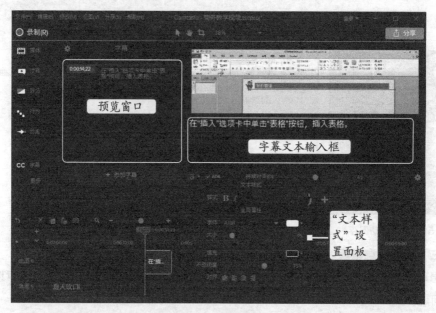

图5-53 添加字幕

用户可对字幕进行以下的常规操作。

- **编辑字幕文件**：在时间轴的字幕文件轨道中，用户可调整字幕文件的开始播放位置、字幕播放的持续时间等，其操作方法与编辑轨道中的其他媒体文件相同。
- **设置字幕文字样式**：在"字幕属性"面板中单击 按钮，可设置字幕文字样式，如设置字体样式、字号大小和文字颜色等。
- **同步字幕**：将Word或TXT文档中的文字复制到文本输入框后，字幕文字在预览窗口中只显示3行文字。选择【修改】/【字幕】/【同步字幕】命令，打开同步字幕提示窗口，如图5-54所示，单击 继续 按钮，视频就会开始播放。在播放的过程中，当听到一句话结束后，用鼠标在字幕预览框中单击下一句话开始的文字，就会创建一个新的字幕，如图5-55所示。重复这样的操作就会把全部文字分割为若干个新的字幕，并实现字幕与画面、音频的同步，如图5-56所示。在播放过程中，用户还可以使用 ▌▌暂停 和 ▌停止 按钮来控制视频的播放。

● 导出字幕：选择【分享】/【导出字幕】命令，可将Camtasia Studio编辑的字幕导出为外部的字幕文件。导出的字幕文件包括SRT和SMI两种格式。用户可以运用相关的字幕编辑软件对外部字幕文件的内容进行编辑，如SrtEdi字幕编辑器。

图5-54 同步字幕提示框

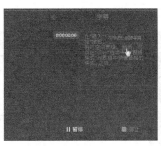
图5-55 分割字幕

图5-56 同步字幕的效果

（六）设置动画效果

为视频设置动画效果与设置行为和转场效果相似，能够实现视频元素的动态播放效果，如通过注释和动画配合使用制作动态字幕。首先在视频中添加注释文件，并设置文字样式和注释属性，如在视频画面左下侧添加一个注释，然后在"动画"面板中，将"自定义"动画选项拖动到注释文件上，如图5-57所示。添加动画后，在轨道的媒体文件上将显示出一个动画设置箭头，拖动两侧的动画点，可调整动画起始时间、持续时间和结束时间，如图5-58所示。双击设置箭头，播放头将移动到箭头的末端，如图5-59所示，此时，在视频预览画面中，将注释移动到右下侧，即可设置出一个动态移动的字幕效果，当播放至动画设置箭头的初始端，注释位于视频画面左下侧，随着播放的进行，注释将向右下侧移动。

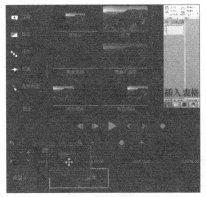
图5-57 添加动画

图5-58 调整动画持续时间

图5-59 设置移动效果

（七）导入外部资源制作片头

除了通过公共库中的资源制作视频片头外，在Camtasia Studio中还可导入LIBZIP格式的Camtasia片头模板快速制作出片头。导入LIBZIP文件的方法为：在"媒体"选项的"库"

面板的空白处单击鼠标右键，然后在弹出的快捷菜单中选择"导入ZIP库"命令，如图5-60所示。打开"导入 ZIP库"对话框，单击"导入ZIP库文件"文本框右侧的 📷 按钮，再在打开的"打开"对话框中选择LIBZIP文件，返回"导入 ZIP库"对话框，单击 确定 按钮，将LIBZIP文件导入到库中，如图5-61所示，也可在保存LIBZIP文件的文件夹中双击文件导入到Camtasia Studio的库中。最后，可将导入的文件添加到时间轴进行编辑，一般只进行简单的修改即可，如将标题内容修改为所需的标题。LIBZIP文件可在techsmith官方网站或其他网站下载。

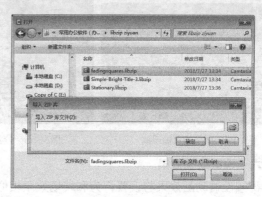

图5-60　执行导入命令　　　　　　　　　图5-61　导入片头模板文件

（八）将视频导出并直接上传到网站

在导出视频文件时，用户可通过FTP工具将视频直接上传到网站中。首先需要在生成向导的"生成视频"界面中单击选中"通过FTP上传视频"复选框，如图5-62所示。单击 完成 按钮，将打开"FTP设置"对话框，在其中设置上传网站的"服务器"和"路径"的IP地址，输入用户名和密码后，单击 确定(O) 按钮，如图5-63所示，开始上传视频。上传完成后，用户可以在网站后台中管理上传的视频文件。

图5-62　通过FTP上传视频　　　　　　　　图5-63　上传视频设置

任务二 使用爱剪辑编辑视频

爱剪辑是一款功能强大、操作简单的视频剪辑软件。其设计遵循多数用户的使用习惯与功能需求，直观易懂，具有人性化的操作界面，即使用户没有视频剪辑基础，不理解"时间线""非编"等各种专业词汇，也能轻松成为出色的剪辑师，创作出令人满意的视频作品。同时，爱剪辑软件自身提供了各类丰富的特效，如字幕特效、转场特效、画面风格和贴图特效等，使用户可以轻松制作出具有特色、充满创意的视频效果。

一、任务目标

视频是电子商务网站中非常重要的多媒体元素，网站中的视频常用于营销宣传、品牌传播和产品介绍等。本任务将为旅游网站制作一个旅游宣传短片。

本任务利用爱剪辑将多个风景视频合成为一个连贯的视频短片，通过特效制作，使视频片段之间过渡更自然，同时让视频充满绚丽斑斓、磅礴大气的视觉效果，视频完成剪辑后的播放效果如图5-64所示。通过本任务的学习，读者应掌握视频裁剪、字幕特效设置、转场特效设置、画面风格设置及音频设置等操作方法。

需要注意的是，在剪辑视频时，读者首先要对素材视频、音频有充分的了解，构思出设计思路，即需要视频、音频的哪一部分，要达到什么样的视觉效果，以及视频的时长是多少。当有了合理的构思后，才能够快速地、精准地制作出符合要求的视频。

图5-64 视频播放效果

二、任务实施

启动爱剪辑，首先导入视频素材，裁剪视频片段；然后通过黑幕视频和字幕，设置视频片段的过渡特效；最后添加和裁剪背景音乐，并导出视频。

（一）导入视频素材

启动爱剪辑后，导入视频素材，然后将视频保存为爱剪辑工程文件，其具体操作如下。

微课：导入视频素材

（1）双击桌面上的爱剪辑快捷图标 ，启动爱剪辑，单击 添加视频 按钮，打开"请选择视频"对话框，选择需要导入的视频文件，这里选择多个视频文件（配套资源：素材文件\项目五\风景视频\），如图5-65所示，单击 打开(0) 按钮。

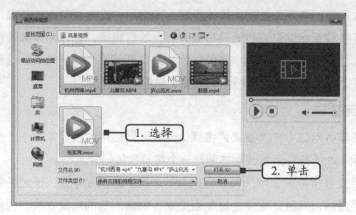

图5-65　导入多个视频

> 导入视频素材时，可打开保存素材的文件夹，将所需文件拖动到爱剪辑中；也可在爱剪辑"已添加片段"面板的"双击此处添加视频"位置处双击导入视频。

（2）导入视频后，软件界面显示如图5-66所示。在"视频"选项卡中显示视频文件的序号、文件名和视频时长等信息，右侧的编辑面板用于裁剪视频和声音设置；在播放窗口中可预览视频，其下方的工具栏用于进行新建、保存、打开和导出等操作；在"已添加片段"面板中显示了导入视频的缩略图；在右下角的"所有制作的信息"面板中可查看所有的制作信息。

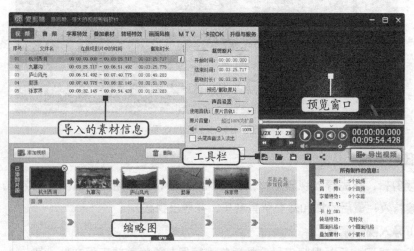

图5-66　导入视频后的界面显示

（3）在工具栏中单击"保存所有设置"按钮 ，在打开的"请选择爱剪辑工程文件的保存路径"对话框中设置爱剪辑工程文件的保存位置和名称，其文件格式为.mep，然后单击 保存(S) 按钮保存文件，如图5-67所示（配套资源：效果文件\项目四\旅游宣传视频.mep）。

（4）在打开的提示对话框中，提示工程文件设置保存成功，且仅保存制作的设置，不保存导入的素材文件，删除素材文件后，会造成再次编辑时加载文件失败，单击 确定 按钮即可，如图5-68所示，单击选中"下次不再提示"复选框，下次将不再打开此对话框。

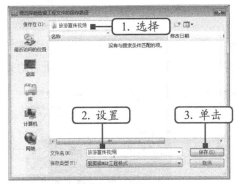

图5-67　保存工程文件

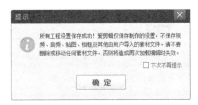

图5-68　确认保存

（二）剪辑视频片段

下面将对导入的视频进行裁剪，留取所需部分，并消除视频原有的声音，其具体操作如下。

微课：剪辑视频片段

（1）在"视频"选项卡中选择第一个"杭州西湖"视频选项，在"裁剪原片"栏中将"开始时间"设置为"00:00:22.000"，将"结束时间"设置为"00:01:35.000"，裁剪视频片段；在"声音设置"栏的"使用音轨"下拉列表框中选择"消除原片声音"选项，消除视频片段的声音。单击 确认修改 按钮，确认设置，如图5-69所示。

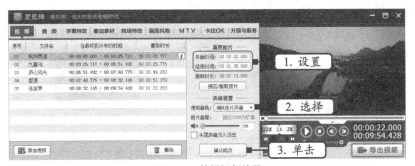

图5-69　编辑视频片段

提示

在"裁剪原片"栏中单击 预览/截取原片 按钮，可预览截取的视频片段；当"使用音轨"下拉列表框显示"原片无音轨"时，则表示视频无声音；如果使用原片的声音音轨，可调整原片音量，单击选中"头尾声音淡入淡出"复选框则可设置声音的淡入淡出效果。

（2）使用相同的方法编辑其他视频片段，参数设置如图5-70~图5-73所示。

图5-70　编辑第2段视频　　图5-71　编辑第3段视频　　图5-72　编辑第4段视频　　图5-73　编辑第5段视频

（3）完成视频剪辑后的选项卡效果如图5-74所示，在预览窗口中可播放剪辑后的效果。

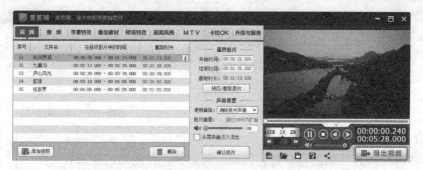

图5-74　剪辑后的效果

（三）制作视频过渡特效

下面导入软件提供的黑幕视频素材，然后通过添加字幕特效和设置视频的转场特效，为视频制作过渡效果，其具体操作如下。

微课：制作视频过渡特效

（1）单击 添加视频 按钮，打开"请选择视频"对话框，在"C:\Program Files\MediaEditor\VideoClip"文件夹中选择软件自带的"黑幕视频(1分钟).mp4"素材视频，单击 打开(0) 按钮，如图5-75所示。

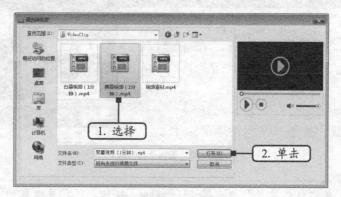

图5-75　导入黑幕视频

（2）在打开的"预览/截取"对话框中直接单击 确定 按钮，暂时不截取视频，如图5-76所示。添加黑幕视频后，将鼠标指针移到视频缩略图上，按住鼠标左键不放，将其拖动到片首位置，如图5-77所示。

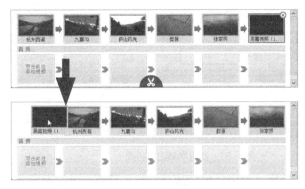

图5-76　设置图层样式　　　　　　　　　　　图5-77　移动黑幕视频位置

（3）单击"字幕特效"选项卡，在预览窗口提示双击窗口即可输入文字。此时，双击预览窗口，打开"输入文字"对话框并输入文字，然后单击"确定"按钮，如图5-78所示。

（4）关闭提示窗口，将文本框移动到预览窗口的居中位置，然后在左侧的"字体设置"面板中设置字体为"叶根友毛笔行书2.0版"，大小为"35"，如图5-79所示。

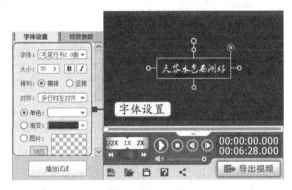

图5-78　输入文字　　　　　　　　　　　　　图5-79　设置字体

提示

在"字体设置"面板中单击选中"渐变"单选项，可为文字设置渐变色；单击选中"图片"单选项则可为文字设置图片填充。在面板下方的"快速定位摆放的位置"栏中单击对应位置的方格可快速准确地设置文字在视频画面中的位置，如图5-80所示。

图5-80　设置摆放位置

（5）保持文本框的选择状态，在"字幕特效"选项卡中选择"出现特效"选项，在打开的列表框中单击选中"沙砾飞舞"单选项，如图5-81所示，设置字幕出现的特效，在右侧的"特效参数"面板中可设置特效时长，"沙砾飞舞"和"缤纷落叶"出现特效默认不可更改参数。

（6）选择"停留特效"选项，将字幕停留特效设置为"蓝红射光"，特效时长设置为2秒，如图5-82所示。

图5-81　设置字幕出现特效　　　　　　　　图5-82　设置字幕停留特效

（7）选择"消失特效"选项，将字幕消失特效设置为"向左动感消失"，特效时长设置为2秒，如图5-83所示。

（8）选择"杭州西湖"视频选项，单击"转场特效"选项卡，在下方的列表框中选择"涟漪特效"选项，在右侧的"转场设置"面板中设置特效时长为2秒，单击 应用/修改 按钮，如图5-84所示。

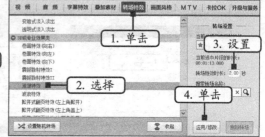

图5-83　设置字幕消失特效　　　　　　　　图5-84　设置视频转场特效

（9）选择黑幕视频，在"裁剪原片"栏中将视频时长裁剪为10秒，如图5-85所示，使其与字幕特效时间8秒和转场特效时间2秒的出现时间一致。

（10）选择黑幕视频，单击"画面风格"选项卡，选择"动景"选项，在其列表框中选择"光之律动"选项，单击 添加风格效果 按钮，在弹出的下拉列表框中选择"为当前片段添加风格"选项，然后单击 确认修改 按钮，如图5-86所示。

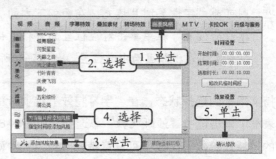

图5-85　裁剪黑幕视频　　　　　　　　图5-86　设置黑幕视频的动景画面效果

（11）此时，播放视频预览字幕特效及"光之律动"动景画面，效果如图5-87所示，转场特效如图5-88所示。

图5-87　字幕特效与动景画面　　　　　　　图5-88　转场特效

（12）利用相同的方法为其他风景视频片段添加"涟漪特效"转场特效。

 提示

本例中通过黑幕视频素材制作视频过渡效果，根据视频实际情况可添加白幕视频、蓝色光幕或红色光幕等视频素材设置过渡。这些光幕视频可通过视频素材网站下载。

（四）视频复制与排序

下面将复制黑幕视频和字幕，然后修改字幕文字，保留字幕特效，快速完成视频过渡效果的设置，其具体操作如下。

微课：视频复制与排序

（1）在"已添加片段"面板中选择黑幕视频，单击鼠标右键，在弹出的快捷菜单中选择"复制多一份"命令，如图5-89所示。

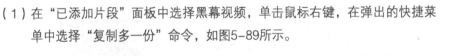

图5-89　复制黑幕视频

（2）继续进行复制操作，复制4份黑幕视频，然后分别为复制的黑幕视频添加"光之律动"动景效果，并调整其位置，效果如图5-90所示。

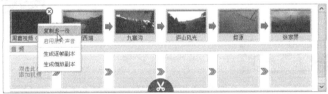

图5-90　复制黑幕视频并调整位置

（3）选择第一个黑幕视频中的字幕，然后单击鼠标右键，在弹出的快捷菜单中选择"复制对象"命令，复制字幕文字和特效设置，如图5-91所示。

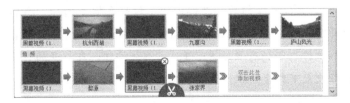

（4）在其他黑幕视频画面中单击鼠标右键，在弹出的快捷菜单中选择"粘贴对象"命令，粘贴字幕文字和特效，然后将文字修改为相应的描述文字内容，如图5-92所示。

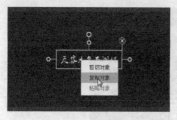

图5-91 复制字幕   图5-92 粘贴字幕并修改文字内容

（五）添加背景音乐

为视频添加背景音乐，可以提升视频魅力。下面将在完成剪辑后的视频中添加背景音乐，其具体操作如下。

微课：添加背景音乐

（1）单击"音频"选项卡，单击 添加音频 按钮，在弹出的下拉列表框中选择"添加背景音乐"选项，再在打开的"请选择一个背景音乐"对话框中选择背景音乐文件，单击 打开(O) 按钮，如图5-93所示（配套资源：素材文件\项目五\背景音乐.mp3）。

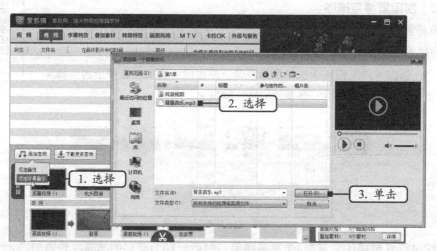

图5-93 导入背景音乐

提示

单击 添加音频 按钮后，在弹出的下拉列表框中选择"添加音效"选项，在打开的"C:\Program Files\MediaEditor\AudioFiles\音效"文件夹中可添加软件自带的音效效果；单击 下载更多音效 按钮，在打开的页面中根据提示操作，可搜索下载音效和背景音乐。

（2）打开"预览/截取"对话框，在"此音频将被默认插入到"栏中单击选中"最终影片的0秒开始处"单选项，使音乐从视频的开始处播放；在"截取"栏中将结束时间设置为"00:06:08.000"，使其与视频时长一致；单击 确定 按钮，确认导入音乐文件，如

图5-94所示。

（3）导入背景音乐后，在"音频"选项卡右侧的设置面板中单击选中"头尾声音淡入淡
出"复选框，然后单击 确认修改 按钮，如图5-95所示，为声音文件设置淡入淡出效果。

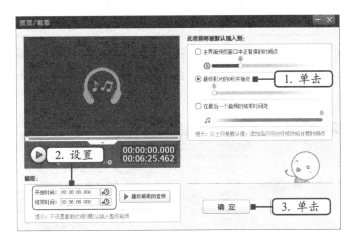

图5-94 设置声音播放时长与起始位置　　　　图5-95 为声音设置淡入淡出效果

（六）导出视频

当完成视频的剪辑美化工作后，用户往往需要将视频导出为常用视频文
件格式。爱剪辑支持导出视频为MP4、AVI等视频格式。下面导出尺寸大小
为720P、格式为MP4的视频文件，其具体操作如下。

微课：导出视频

（1）在爱剪辑主界面单击 导出视频 按钮，打开"导出设置"对话框，在"片名"和"创作
者"文本框中输入片名和作者；在"片头特效"下拉列表框中保持默认的"好莱坞
风潮"选项不变，在"导出格式"下拉列表框中选择"MP4格式"选项；在"导出尺
寸"下拉列表框中选择"720P"选项；其他保持默认设置，然后单击"导出路径"文
本框右侧的 浏览 按钮，如图5-96所示。

（2）打开"请选择视频的保存路径"对话框，设置视频的保存位置和文件名，然后单击
保存(S) 按钮，如图5-97所示，返回"导出设置"对话框，单击 导出 按钮，开始导出
视频。导入的素材视频越多，文件越大，导出的时间越长。

图5-96 导出设置

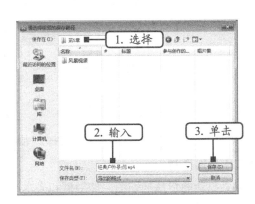

图5-97 设置视频文件名和保存位置

> 在导出视频时，爱剪辑要求必须添加一种片头特效，在"导出设置"对话框中单击"下载更多片头特效"超链接，将打开爱剪辑的官方网站，可付费下载更多的片头特效。如果不需要爱剪辑的片头，导出文件后，可利用其他软件将片头裁剪掉。

（3）完成导出后，将弹出对话框，提示导出成功，单击 打开存放文件夹 按钮，可打开视频存放文件夹，查看视频文件，如图5-98所示（配套资源：效果文件\项目五\经典户外景点.mp4）。

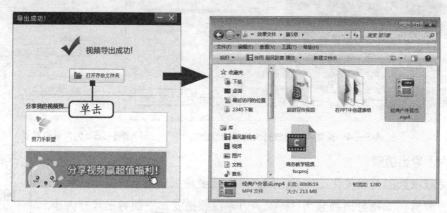

图5-98　查看导出的视频文件

三、相关知识

　　爱剪辑操作简单，功能强大，用户利用它能够快速制作出多种风格的视频效果。下面将介绍爱剪辑更多实用的视频剪辑知识。

（一）使用信息面板

　　"所有制作的信息"面板中显示了当前工程文件中所有制作的信息，其选项对应爱剪辑的每个选项卡。将鼠标指针移到相关选项上，如移动到"字幕特效"选项上，单击显示的 详细 按钮，将跳转到对应的"字幕特效"选项卡。同时，在打开的面板中可查看到字幕的文字内容和起止时间等信息，单击"删除"按钮 可删除选择的字幕选项，单击"返回"按钮 ，将返回上一层级的面板，如图5-99所示。

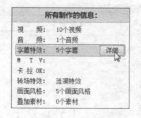

图5-99　使用信息面板

（二）叠加素材

　　叠加素材功能包括加贴图、加相框和去水印这3种应用，其操作与作用分别介绍如下。

● 加贴图：爱剪辑提供有丰富的贴图，可应用到视频中，可用于视频内容的注释说明，也可制作出颇具创意的视频内容。要添加贴图，首先单击"叠加素材"选项卡，单击 ［打开存放文件夹］按钮，或在预览窗口双击，在打开的"选择贴图"对话框中选择所需的贴图；在预览窗口导入选择的贴图后，可调整其位置和大小；在"贴图设置"面板中，可设置贴图在视频中的显示时间和透明度；在特效列表框中选择一种特效样式，则可为贴图设置动态效果。添加与设置贴图的界面如图5-100所示。

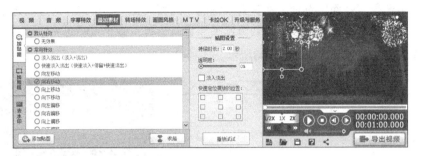

图5-100　添加与设置贴图

● 加相框：在"叠加素材"选项卡中，用户可快速为视频添加相框，美化视频效果。相框的显示时长默认与视频片段时长一致，用户也可自行调整时长。添加与设置相框的界面如图5-101所示。

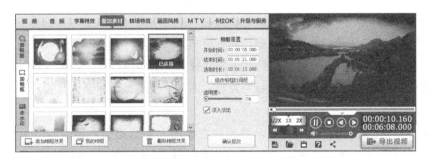

图5-101　添加与设置相框

● 去水印：利用"去水印"功能可去除或遮盖视频中不需要显示的内容。在"叠加素材"选项卡中选择"去水印"选项后，单击 ［添加去水印区域］按钮，可设置去水印的视频区域，"去水印设置"面板则用于设置去除水印的方式及去水印设置的显示时长。去水印设置界面如图5-102所示。

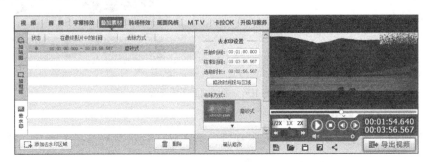

图5-102　去水印设置

> 提示　要想去除视频画面中的水印，也可以为视频添加一个合适的相框，将水印内容遮盖住。

（三）画面调整

利用爱剪辑除了可以制作各种视频特效外，还可以调整画面的显示效果。在"画面风格"选项卡中选择"画面"选项，在其列表框的"画面调整"栏中选择对应的选项，可调整视频的曝光度、亮度对比度、色相饱和度等画面显示效果，修正视频曝光不足、色彩失衡等情况。画面调整的设置界面如图5-103所示。

图5-103　视频画面调整界面

（四）画面裁剪

要去除原视频的字幕、水印等内容，或裁剪视频画面尺寸，可在"画面风格"选项卡中选择"画面"选项，然后选择"自由缩放（画面裁剪）"选项，在"效果设置"面板中通过调整"中心点X坐标"和"中心点Y坐标"左移、右移、上移或下移画面，实现画面的裁剪，如图5-104所示。

"中心点X坐标"为正值时，表示画面向右移动，裁剪画面右侧内容；为负值时，表示画面向左移动，裁剪画面左侧内容。"中心点Y坐标"为正值时，画面向下移动；为负值时，画面向上移动，分别裁剪下方和上方的视频画面。

图5-104　视频画面裁剪界面

（五）制作MTV与卡拉OK视频

利用爱剪辑可自定义MTV与卡拉OK视频。导入MTV的视频和音乐素材后，在"MTV"

选项卡中单击 T 导入LRC歌词 按钮，可导入MTV的LRC格式的歌词，导入时可进行歌词的修改等操作。确认导入歌词后，在"字体设置"面板中可设置歌词文字的字体样式，在"特效参数"面板中可设置歌词的进入特效，确认修改后，可预览MTV的效果，如图5-105所示。

图5-105　制作MTV

同样，在"卡拉OK"选项卡中可以导入KSC格式的歌词，制作卡拉OK视频。在"特效参数"面板中可设置卡拉OK的起唱图案和扫字特效，确认修改后，可预览卡拉OK视频的效果，如图5-106所示。

图5-106　制作卡拉OK视频

> LRC是目前主流的歌词文件格式，它可以在各类数码播放器中同步显示。通常，我们在网络中很容易就能下载到LRC歌词文件。KSC是一种卡拉OK字幕文件，制作卡拉OK一样的视频，就需要导入KSC格式的歌词字幕。用户可以使用歌词转换器对歌词文件格式进行转换，如将LRC转换为KSC格式。

（六）作品分享

在工具栏中单击"分享"按钮 ◄，或在"升级与服务"选项卡中单击"作品分享"按钮 ◻ ，将进入爱剪辑的社区网站，如图5-107所示，单击 发布作品 按钮，进入分享页面。在分享视频前，先单击 开始上传 按钮，如图5-108所示，将视频上传到优酷或腾讯存储，上传完成后，即可将视频分享到爱剪辑的社区网站。

上传到视频网站的视频需要通过审核才可以播放，在弹出的播放页面复制浏览器地址栏中的网址，可将视频分享到其他媒体平台。

图5-107　进入社区网站

图5-108　上传与分享视频

扩展知识——爱剪辑手机App

　　随着移动互联网的发展，电子商务在移动端的应用越来越广泛，用户常常通过移动端来进行商务沟通、营销宣传等工作。爱剪辑提供了App，利用它可快速剪辑手机录像视频，为开展移动端的商务工作带来便利。

　　爱剪辑App同样拥有强大的视频剪辑功能和丰富的特效资源，其使用方法与PC端的爱剪辑软件相似。下面简要介绍爱剪辑手机App的常用视频剪辑操作，如添加视频片段、设置视频主题、设置转场效果、编辑视频片段及导出视频等。

（一）添加视频片段

　　爱剪辑App应用程序可自动识别手机中存放的各类视频和图片文件，用户可以快速、准确地导入所需视频片段，其具体操作如下。

（1）在手机页面中启动爱剪辑应用程序，进入主界面后，点击"创作视频"按钮，如图5-109所示。

（2）进入"选择片段"窗口，可导入手机中存放的录像视频和图片文件，如图5-110所示，这里选择"WeiXin"选项。

图5-109　主界面

图5-110　"选择片段"窗口

（3）在打开的窗口中可选择存放于微信中的视频片段，如图5-111所示。

（4）进入"片段剪辑"窗口，可预览视频效果，然后点击右下角的"添加"按钮，添加视频片段后，点击"下一步"按钮，如图5-112所示。

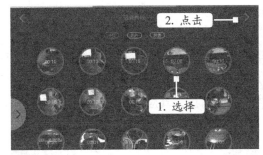

图5-111　选择视频片段

图5-112　添加视频片段

（5）添加视频片段后，在剪辑窗口中可查看添加的视频，如图5-113所示。点击右下角的"新增"按钮■，按照相同的添加方法，可添加多个视频片段，下方的"所有片段"面板中将显示所有添加的片段，如图5-114所示。

图5-113　添加的第1段视频

图5-114　添加多段视频

（二）设置主题

在右侧面板中点击"主题"选项，在左侧的面板中可为视频设置主题，播放效果如图5-115所示。

（三）设置转场效果

导入多个视频片段后，在右侧面板中点击"转场"选项，在左侧的面板中可在视频片段之间设置转场效果，如图5-116所示。当视频片段超过两个时，点击"全部应用"按钮●，可为所有片段过渡设置相同的转场效果。

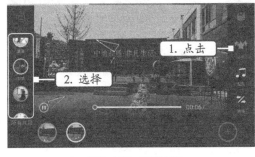

图5-115　设置主题

图5-116　设置转场效果

（四）设置视频格式

在右侧面板中点击"格式"选项，在左侧的面板中可设置视频的显示格式，如画面比例为16：9或21：9、全屏模式等，如图5-117所示。

（五）编辑视频

在"所有片段"面板中点击任意的视频片段缩略图，将在窗口底部弹出编辑面板，如图5-118所示。在编辑面板中，用户可进行视频片段剪辑、画面裁剪、添加字幕、录音、设置滤镜和添加贴图等操作，与PC端的爱剪辑软件功能相对应，其应用原理和效果以及操作思路等与PC端的爱剪辑软件相同。

图5-117　设置视频格式　　　　　　　　图5-118　编辑视频面板

（六）添加背景音乐

用户可为没有声音的视频片段添加背景音乐，其具体操作如下。

（1）在剪辑界面右侧面板选择"配乐"选项，然后在底部弹出的面板中点击"添加"按钮 ▓，如图5-119所示。

（2）进入"选择配乐"窗口，在其中提供了预置配乐选项、已下载的配乐和本地曲库，点击 ▓▓ 按钮，则可下载音乐文件。选择某个音乐文件后，开始播放音乐，可试听音乐效果，然后点击右上角的"确定"按钮 ▓ 确认添加，如图5-120所示。

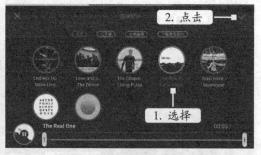

图5-119　执行添加操作　　　　　　　　图5-120　添加背景音乐

（七）导出视频

视频剪辑完成后，用户需要将其保存并导出，其具体操作如下。

（1）在剪辑界面右侧面板点击"保存"按钮 ▓，此时自动保存工程文件，并显示保存进度，如图5-121所示。

（2）保存完成后，自动导出视频，在打开的窗口中可将视频分享到微信、新浪微博、QQ及美拍等媒体平台和朋友圈，点击"保存到相册"按钮 ▓，可将视频保存到手机相册中，如图5-122所示。

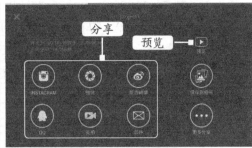

图5-121　保存与导出文件　　　　　　　　　图5-122　分享与保存视频

（3）在导出界面中点击"预览"按钮，可预览视频，如图5-123所示。

图5-123　预览导出的视频

（4）再次启动爱剪辑App后，可发现其主界面显示了"我的影片"文件夹选项，如图
　　　5-124所示。

（5）点击该文件夹，进入"我的影片"窗口，在其中可查看到保存的视频文件，同时，可
　　　对视频进行编辑、分享和删除等操作，如图5-125所示。

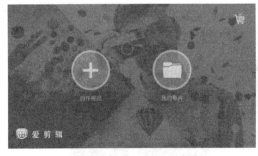

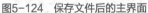

图5-124　保存文件后的主界面　　　　　　　　图5-125　"我的影片"界面

课后练习

　　本项目主要介绍了Camtasia Studio和爱剪辑视频编辑软件的使用方法，读者可通过练习录制视频与剪辑视频巩固所学知识。

一、录制图像编辑视频

本练习将利用Camtasia Studio录制使用美图秀秀调整图像大小和图片色彩的操作（配套资源：素材文件\项目五\人物.jpg）。录制前关闭摄像头和音频选项，不录制声音，其步骤可参考项目二任务一。录制视频后，对视频进行裁剪处理，然后通过添加注释对操作进行说明，并为注释设置行为效果，窗口与参数设置参考如图5-126所示，最后导出视频（配套资源：效果文件\项目五\图像编辑\）。

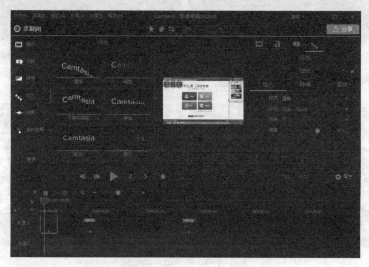

图5-126　Camtasia Studio窗口与参数设置

二、剪辑美食视频

本练习将通过爱剪辑合成一个美食视频。首先导入素材文件（配套资源：素材文件\项目五\美食节目\），去除原片声音，裁剪视频多余片段。然后为视频片段之间设置转场过渡效果，并添加相框，设置一定的透明度，使相框产生模糊的效果。最后，导入背景音乐（配套资源：素材文件\项目五\美食音乐.mp3），导出视频文件，参考效果如图5-127所示（配套资源：效果文件\项目五\美食视频.mp4）。

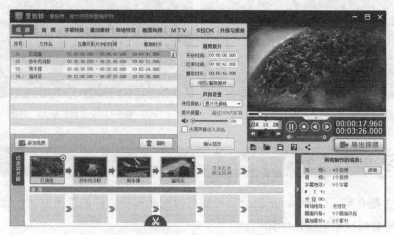

图5-127　剪辑美食视频

项目六
使用会声会影编辑视频

会声会影是一款功能强大的视频编辑软件，支持各类音频和视频编码，具有图像抓取、视频录制、从DV等媒体设备导入视频和视频编修等功能。从捕获、剪辑、转场、特效、字幕和配乐到刻录，会声会影提供了完整的视频编辑环境，能够轻松制作高质量的视频效果，并且可导出多种常见的视频格式，也可以直接制作成DVD光盘。会声会影能够满足个人用于家用，如制作电子相册；或专业人员用于商业领域的商品展示、说明、演示；或制作影视作品等。

课堂学习目标

● 掌握使用会声会影捕获视频资源的方法

● 掌握使用会声会影编辑视频的方法

● 掌握通过会声会影导出视频资源的方法

任务一　拍摄"清洗手机屏幕"视频

会声会影（Corel VideoStudio）是Corel公司研发的一款功能强大的视频编辑软件，我们通常提到的"会声会影""绘声绘影"都是这一款软件。会声会影具有强大的视频捕获功能，能够获取各种设备的视频资源，既可以录制屏幕视频，也可以捕获摄像头、数字电视、摄像机、光盘及硬盘等设备的视频资源。

一、任务目标

本任务将拍摄"清洗手机屏幕"短视频，告诉用户通过牙膏和纸巾清理手机屏幕污渍的小窍门。通过录制一些与商品有关的小技巧的视频，企业能够收获消费者的好感，取得消费者对商家和企业的信任。在拍摄视频时，可利用会声会影的捕获功能，通过计算机自带的摄像头录制"清洗手机屏幕"短视频，也可以使用外部设备，如手机、数码相机和摄像机等拍摄该视频，然后将视频导入会声会影中，其视频播放效果如图6-1所示。

通过本任务的学习，读者应掌握使用会声会影通过摄像头录制视频，以及使用手机拍摄视频并将视频导入会声会影的操作方法。

图6-1　视频播放效果

与录制屏幕视频类似，在使用摄像头录制视频时，为使录制过程顺利进行，商家同样需要做好相关的准备工作，如选择安静且光线充足的录制环境，保证摄像质量；硬件设备准备，包括摄像头、话筒等的安装与调试，重点在摄像头的镜头校正，使摄像头对准人物和器材；对录制的内容、过程及相关器械、设备、材料进行准备和设计。为了使录制过程流畅，保证录制的操作准确无误，可以事先进行操作演练并撰写录制的步骤和讲解的提纲。

二、任务实施

下面启动会声会影，通过计算机自带摄像头录制"清理手机屏幕"视频。或通过手机等设备拍摄该视频，并将拍摄的视频导入会声会影中，便于以后进行编辑操作。

（一）通过摄像头录制视频

下面启动会声会影，通过摄像头录制"清洗手机屏幕"视频，其具体操作如下。

微课：通过摄
像头录制视频

（1）双击桌面上的Corel VideoStudio 2018快捷图标，启动会声会影。单击"捕获"选项卡，打开"捕获"窗口。在"捕获"面板中包含"捕获视频""DV快速扫描""从数字媒体导入"及"实时屏幕捕获"等选项，用于不同设备捕获视频的操作。其左侧的窗口用于预览和控制播放捕获的视频。这里选择"捕获视频"选项，如图6-2所示。

图6-2　选择"捕获视频"方式

（2）打开对应的"捕获"面板，在"来源"下拉列表框中选择"摄像头"选项，软件将启动计算机自带的摄像头，预览窗口显示摄像头当前拍摄的画面。在"文件名"和"捕获文件夹"文本框中分别设置视频文件名和保存位置。单击选中"捕获到素材库"复选框，在其右侧的下拉列表框中选择"样本"选项，将捕获的视频添加到素材库中，如图6-3所示。

（3）单击"格式"栏右侧的"选择捕获配置文件"按钮，在打开对话框的"当前的配置文件"下拉列表框中设置视频输出格式，捕获视频只支持输出DVD格式，这里将捕获的视频设置为"16:9"宽屏输出，单击按钮，如图6-4所示。

图6-3　设置捕获来源参数

图6-4　设置捕获视频的输出格式

提示

在"来源"下拉列表框中还包括"数字电视来源"和"HDV来源"两个选项，分别用于捕获计算机连接的数字电视和HDV设备的视频资源。

（4）在"捕获"面板中单击 按钮，在弹出的下拉列表框中选择"捕获选项"选项，在打开的"捕获选项"对话框中单击选中"插入到时间轴"复选框，将捕获的视频直接插入时间轴中，如图6-5所示。

（5）单击 按钮，在弹出的下拉列表框中选择"视频属性"选项，在打开的"视频属性"对话框中单击"色彩管理器"选项卡，可设置"亮度""对比度""色调"等视频属性，如图6-6所示。"配置文件"选项卡则用于设置视频格式。

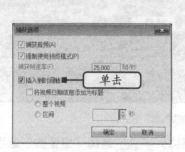

图6-5　将视频添加到时间轴　　　　图6-6　设置视频色彩属性

（6）在"捕获"面板中单击 按钮，开始通过摄像头录制视频，在"区间"栏将显示捕获的时间，如图6-7所示。所需视频捕获完成后，单击 按钮，停止视频捕获。

图6-7　录制视频

> **提示**　在视频录制过程中，单击 按钮，可抓取当前的摄像画面，并保存为.BMP格式的图片文件，存放到预先设置的捕获文件夹中。

（7）停止视频捕获后，单击"编辑"选项卡，录制的视频按照预先的设置添加到素材库，并插入时间轴的视频轨道中，其时长显示为"0:02:49:22"。在预览窗口的控制栏中单击 按钮，在弹出的下拉列表框中选择"16：9"选项，更改视频画面显示比例，与视频格式设置一致，使画面显示完整，如图6-8所示。同时，录制的视频将以MPG文件格式自动保存到预先设置的捕获文件夹中。

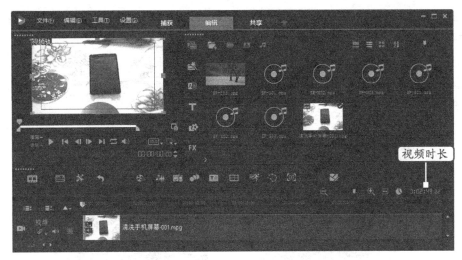

图6-8　完成视频录制后的显示效果

（二）保存项目文件

在录制视频或进行其他操作后，需要保存会声会影项目文件，其文件格式为VSP。项目文件包含了所有设置数据，方便用户再次打开文件，在原来的基础上继续进行编辑操作。保存项目文件的具体操作如下。

微课：保存项目文件

（1）选择【文件】/【保存】命令，在打开的"另存为"对话框中设置项目文件名和保存位置，这里将保存位置设置为存放视频文件的文件夹，如图6-9所示，单击 保存(S) 按钮保存项目文件。

（2）打开保存文件的文件夹，可查看到项目文件和录制的视频文件，如图6-10所示（配套资源：效果文件\项目六\清洗手机屏幕.VSP、清洗手机屏幕-001.mpg）。

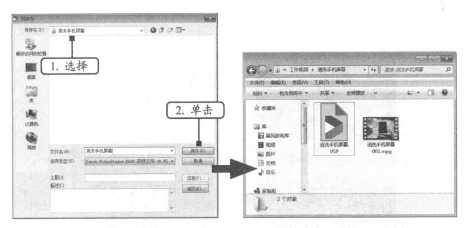

图6-9　保存项目文件　　　　　　　图6-10　查看保存的文件

（三）使用手机拍摄视频

随着技术的发展，手机的存储量越来越大，像素越来越高，使用手机也可以拍摄出高质量的视频，其视觉效果能够与使用相机等设备拍摄的视频媲美。使用手机拍摄视频，通常是通过手机相机的录像功能实现。

微课：使用手机拍摄视频

下面以某款手机为例，来介绍使用手机拍摄视频的方法，并通过QQ的上传功能，将视频传送到计算机中保存，其具体操作如下。

（1）启用手机的相机功能，选择"录像"选项，如图6-11所示，进入录像窗口。

（2）点击右上角的"设置"按钮，打开"设置"窗口，选择"录像尺寸"选项，如图6-12所示。

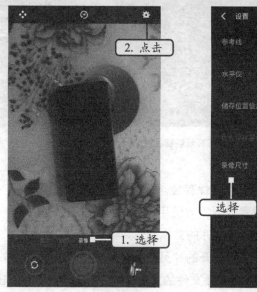

图6-11　进入录像窗口

图6-12　设置窗口

（3）打开"选择录像尺寸"窗口，在其中可设置拍摄视频的尺寸，如图6-13所示。

（4）返回到录像窗口，点击底部的"录制"按钮■，开始录制视频，如图6-14所示。完成录制后，单击"停止"按钮■停止录制，此时将自动保存录制的视频，并打开分享窗口。

图6-13　设置录像尺寸

图6-14　录制视频

（5）在打开的分享窗口中点击"分享"按钮 ，如图6-15所示。在打开的窗口中点击"发
　　送到我的电脑"按钮，如图6-16所示，将视频上传到计算机。

图6-15　分享视频　　　　　　　　　　图6-16　上传到计算机

（6）在计算机中登录QQ后，在弹出的窗口中显示了用手机上传的视频选项，单击 ≡ 按钮，
　　在弹出的下拉列表框中选择"另存为"选项，如图6-17所示。

（7）打开"另存为"对话框，设置视频文件的保存位置和文件名，手机录制的视频文
　　件格式一般为MP4，如图6-18所示（配套资源：效果文件\项目六\清洗手机屏幕污
　　渍.mp4）。

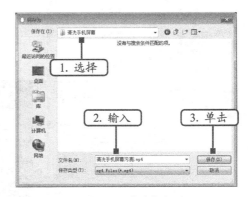

图6-17　另存视频　　　　　　　　　　图6-18　保存视频

提
示

　　　　在分享窗口中可选择多个文件进行分享上传。除了通过QQ端上传视频到
计算机中外，还可通过数据线将视频上传到计算机中，也可分享到自己的QQ
中，然后在计算机中登录QQ，下载并保存该视频。

（四）导入手机拍摄的视频

将手机拍摄的视频文件上传到计算机后，可将视频导入会声会影的素材库中，便于编辑使用，其具体操作如下。

微课：导入手机拍摄的视频

（1）在会声会影中选择【文件】/【将媒体文件插入到素材库】/【插入视频】命令，如图6-19所示；或在素材库的空白处单击鼠标右键，在弹出的快捷菜单中选择"插入媒体文件"命令，如图6-20所示，都可打开"浏览媒体文件"对话框。

图6-19　选择"插入视频"命令

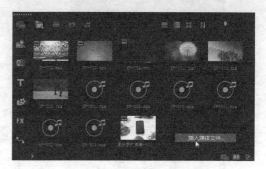

图6-20　选择右键中的命令

> 选择【文件】/【将媒体文件插入到时间轴】命令，可将媒体文件添加到素材库中，并直接插入时间轴。
>
> **提示**

（2）在"浏览媒体文件"对话框中选择手机拍摄的视频文件，单击 打开(0) 按钮，视频文件被添加到素材库中，如图6-21所示。

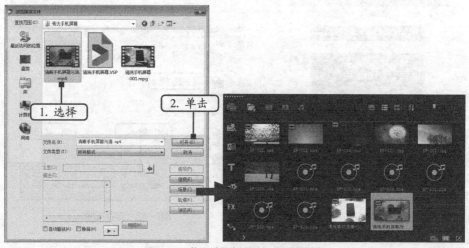

图6-21　将所选视频文件插入到素材库

（3）此时，选择该视频文件，拖动鼠标将其插入时间轴的视频轨道，然后在预览窗口的控制栏中单击 按钮，在弹出的下拉列表框中选择"16:9"选项，更改视频画面显示比例，如图6-22所示。

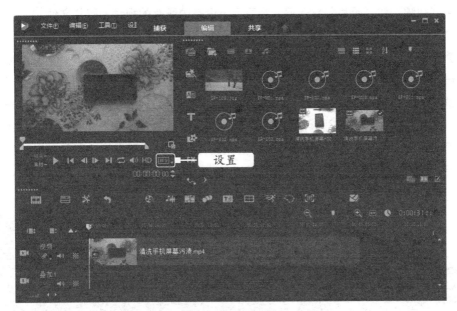

图6-22　插入时间轴并更改视频显示比例

三、相关知识

会声会影获取影片素材的途径非常广泛，除了可以使用摄像头录制视频素材外，还可以录制屏幕视频，以及从移动设备、视频光盘和DV等其他多种设备中捕获视频素材。下面分别进行介绍。

（一）从移动设备导入视频

会声会影可以从U盘、移动硬盘等移动设备中导入视频和图像。将移动设备连接到计算机，启动会声会影，在"编辑"选项卡中单击"录制/捕获选项"按钮 ，在打开的"录制/捕获选项"对话框中选择"移动设备"选项，打开"从硬盘/外部设备导入媒体文件"对话框，即可导入外部设备中的视频和图片素材，如图6-23所示。

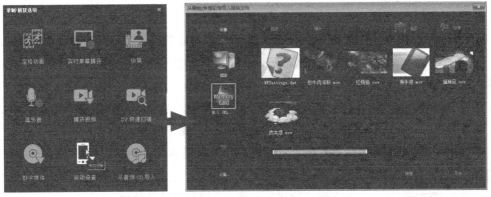

图6-23　从移动设备导入视频

在"从硬盘/外部设备导入媒体文件"对话框中单击 设置 按钮，可设置媒体资源导入后的存放位置。"视频"和"照片"复选框用于设置显示外部设备中的视频或图片文件，同时单击选中"视频"和"照片"复选框，将显示出设备中所有的视频和图片文件。

（二）从数字媒体导入视频

会声会影可以从DVD等视频光盘中导入视频和图像。将光盘插入计算机的光盘驱动器，在会声会影"捕获"面板中单击 按钮，或在"录制/捕获选项"对话框中选择"数字媒体"选项，打开"从数字媒体导入"对话框。此时，将自动扫描视频光盘，在列表框中选择要导入的光盘所在的盘符，单击 起始 按钮，在打开的对话框中显示了该光盘中的视频素材，选择要导入的视频资源，在下方的"工作文件夹"文本框中可设置导入文件的存放位置。最后，单击 开始导入 按钮，即可导入视频，如图6-24所示。

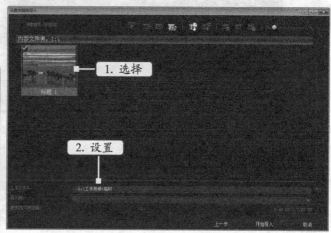

图6-24　从数字媒体导入视频

提示　单击"从数字媒体导入"对话框上方的 选取"导入源文件夹" 按钮，将打开"选取'导入源文件夹'"对话框，在其中也可以导入U盘等移动设备中的视频和图片资源。

（三）扫描DV视频

DV是目前被广泛使用的摄像机，通过会声会影的捕获功能可以从其中捕获视频资源。

在"捕获"面板中，单击 DV 快速扫描 按钮，或在"录制/捕获选项"对话框中选择"DV快速扫描"选项，打开"DV快速扫描"对话框，如图6-25所示。在"扫描/捕获设置"栏的"设备"下拉列表框中选择要捕获的DV设备；在"捕获格式"下拉列表框中设置视频捕获的格式；在"捕获文件夹"文本框中设置视频存放文件夹；在"扫描场景"栏中可设置扫描的位置和速度；单击 开始扫描 按钮开始扫描，扫描到的场景将显示在右侧的"场景"列表框中，此时 开始扫描 按钮将变为 停止扫描 按钮，单击该按钮可停止扫描。单击 不标记场景 按钮可取消捕获选择的场景，单击 下一步 按钮，会声会影开始捕获场景，并显示捕获的进度。

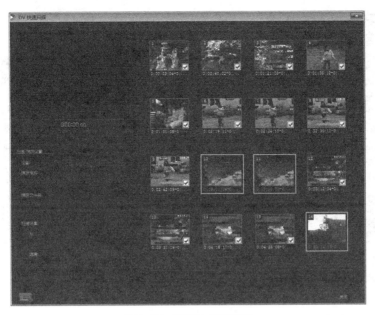

图6-25　捕获DV视频资源

提示

　　从外部移动设备、视频光盘及DV设备中捕获视频时，都将打开"导入设置"对护框，如图6-26所示。在该对话框中，可设置是否将捕获的视频添加到素材库，或插入到时间轴中。如果单击选中"将视频日期信息添加为标题"复选框，在时间轴的标题轨上会自动添加一个标题，以显示该视频的日期信息。单击选中该复选框后，"整个视频"单选项和"区间"单选项将被激活，可以用于控制标题的显示时间是整个视频还是一个指定的时间。

图6-26　"导入设置"对话框

（四）屏幕录制

　　会声会影可录制屏幕视频，其操作方法与使用Camtasia Studio录制屏幕视频基本相同。

　　在"捕获"面板中单击 █████ 按钮，打开"实时屏幕捕获"窗口，单击 █ 设置 █ 按钮，展开"设置"面板。其中，"文件设置"栏用于设置录制视频文件的文件名、存放文件夹和文件格式等；"音频设置"栏用于设置是否录入声音和系统音频；"控制设置"栏用于设置控制录制的快捷键和鼠标单击效果。

　　默认状态下，录制范围为"全屏"，也可自定义屏幕录制范围。同时，会声会影可用于录制应用程序窗口的操作，应用程序窗口的四周将显示出蓝色的控制框，如图6-27所示。

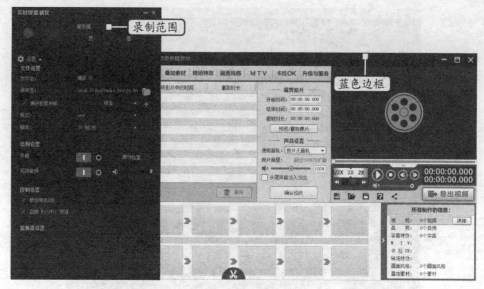

图6-27　录制屏幕视频

（五）调整会声会影的界面显示

为了完整地查看各个面板中的内容，有时需要调整面板的高度和宽度等。将鼠标指针移到面板边框处，当鼠标指针变为█或█形状时，向上、向下或向左、向右拖动鼠标即可，如图6-28所示。

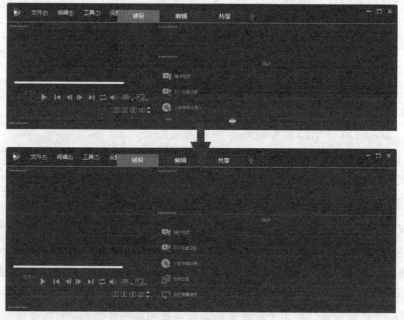

图6-28　调整面板高度

（六）时间轴视图与故事板视图

在会声会影2018的编辑模式中有两种视图模式，分别为时间轴视图和故事板视图。单击时间轴上方的"时间轴视图"按钮█，可切换到时间轴视图。其中包含多条轨道，分别用于放置视频素材、叠加素材、标题、声音和音乐。在每个轨道中可以准确地显示每个素材的起止时间，如图6-29所示，并可对素材进行精确到帧的修改和编辑。

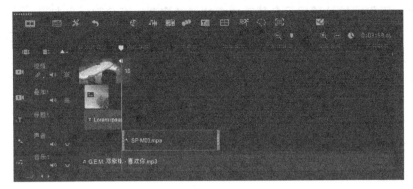

图6-29 时间轴视图

时间轴面板是使用频率非常高的媒体素材编辑场所，其各个轨道的作用如下。

● 视频轨：可以在该轨道中添加视频、图像和色彩素材，并在各素材之间添加转场效果，也可以对其中的素材进行修整、编辑及添加滤镜等操作。

● 叠加轨：可以在该轨道中添加覆叠素材，包括视频、图像和Flash动画等，也可以对其中的素材进行修整、编辑及添加滤镜等操作。当视频轨和叠加轨重叠时，可形成画中画效果。

● 标题轨：在标题轨中可以添加标题素材，以实现在视频中输入文字的效果。

● 声音轨：可以在该轨道中添加音频素材，并可以对其中的音频素材进行修整、编辑及添加滤镜等操作。

● 音乐轨：音乐轨和声音轨的功能相同，只是为了方便用户区分旁白和音乐。

单击时间轴上方的"故事板视图"按钮 ，可切换到故事板视图。故事板视图是会声会影提供的一种简单明了的视频编辑方式，在其中以缩略图的方式显示影片中的视频或图像素材，在每个缩略图之间可以添加转场效果，如图6-30所示。

图6-30 故事板视图

提示　　　　通过话筒录制的声音旁白将自动添加到声音轨中，而添加的背景音乐将自动添加到音乐轨中。

任务二　编辑"清洗手机屏幕"视频

　　会声会影不仅能够从不同设备捕获丰富的视频资源，而且同样具有强大的视频剪辑功能，从裁剪、转场、特效、覆叠，到字幕、配乐及刻录一应俱全，可以制作出高画质和创意十足的视频效果，不仅完全符合家庭或个人所需的视频剪辑功能，甚至可以媲美专业级的视频剪辑软件。同时，会声会影支持各类音频和视频编码，能够导出各类格式的视频文件，可将视频文件保存到计算机中，或应用于移动设备、摄像机等其他设备。

　　会声会影的设置和操作，与Camtasia Studio有许多相似之处，在学习Camtasia Studio的基础上，读者能够更好地掌握会声会影的使用方法。

一、任务目标

　　本任务将编辑摄像头录制的视频文件。捕获视频或导入视频素材后，还需要对录制的视频进行编辑处理，如视频片段的裁剪、设置视频特效，以及为视频添加字幕，因为本任务在录制清洗手机屏幕时没有录入声音，因此需要添加字幕对操作过程进行说明。最后为视频添加背景音乐和设置片头，使视频更完善，让观众观看视频时有更加舒适的感觉。完成编辑后的视频播放效果如图6-31所示。

　　通过本任务的学习，读者应掌握使用会声会影裁剪视频，设置标题、字幕和转场效果，以及导出视频的操作方法。

图6-31　视频播放效果

二、任务实施

　　下面将使用会声会影编辑一个视频，主要用到裁剪视频、设置片头标题、设置转场效果、添加字幕、设置背景音乐及导出视频等知识。

（一）裁剪视频

　　录制摄像头视频与录制屏幕视频相似，要想取得好的录制效果，可能需要经过多次录制，并且录制过程中难免会出现差错或存在瑕疵，此时就需要对视频进行编辑处理。首先要做的工作就是对视频进行裁剪，将多余或效果

微课：裁剪视频

不佳的视频部分删除，在裁剪视频之前，应先预览视频播放效果，对裁剪的视频位置进行判断，使裁剪过程更加顺利，其具体操作如下。

（1）在视频轨道的视频文件上单击鼠标右键，在弹出的快捷菜单中选择"分离音频"命令，分离出音频文件。然后在声音轨道中选择音频文件，按【Delete】键，删除音频文件，删除前后的对比效果如图6-32所示。在录制视频时，即使没有进行声音录入，也难免产生噪声，分离音频，即是为了删除噪声。

图6-32　删除噪声

（2）按住【Ctrl】键不放，向前滚动鼠标滑轮，放大时间轴（向后滚动滑轮可缩小时间轴），使每刻度显示为"00:00:00:01"。将鼠标指针移动到"00:00:00:15"位置处，单击鼠标将播放头定位到此处，然后在预览窗口单击"根据滑轨位置分割素材"按钮，如图6-33所示，分割视频。

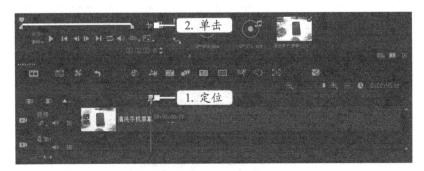

图6-33　分割视频

（3）分割视频后，用鼠标单击选择前面部分的视频片段，按【Delete】键删除该段视频，如图6-34所示。删除视频片段后，后面部分的视频片段将自动前移到起始位置。

图6-34　删除分割的视频片段

（4）将播放头定位到"00:00:12:00"位置处，分割视频，再将播放头定位到"00:00:15:00"位置处，分割视频，然后选择"00:00:12:00"~"00:00:15:00"之间的视频片段，如图6-35所示。

图6-35　分割视频并选择中间位置的视频片段

（5）按【Delete】键删除12~15秒的视频片段，删除后，后面的视频片段自动前移，与前面的视频片段衔接，如图6-36所示。

图6-36　删除视频片段后自动衔接

　提示

将视频分割为多个片段后，在时间轴的视频轨道中选择某个视频片段，单击▶按钮，只播放该段视频；单击其他位置，取消选择视频片段，单击▶按钮，将连续播放裁剪后的整个视频。

（6）利用相同的方法对其他位置的视频进行裁剪，时间轴的显示效果如图6-37所示。

图6-37　裁剪视频后的时间轴效果

　提示

通过移动播放头可以直观地观看视频的播放变化，以确定分割位置，并裁剪视频。要想取得好的效果，有时需要反复裁剪视频，如果视频裁剪出现错误，可单击时间轴面板上的"撤销"按钮↩撤销操作，恢复到正确位置。

（二）设置片头和标题

在会声会影中可为视频设置片头和标题，类似于一本书的封面。片头和标题是观众首先观看到的内容，它能加深观众对视频的印象。片头的设计，可使用素材库中的媒体资源制作，也可导入外部媒体文件制作。

微课：设置片头和标题

下面使用素材库中的媒体文件设置视频片头，然后为其添加动态标题，其具体操作如下。

（1）在"编辑"面板中单击"媒体"按钮，在素材库中选择"SP-VO3.mp4"素材文件，将其拖动到时间轴的视频轨道，如图6-38所示。

图6-38　插入素材

（2）在时间轴添加素材后，分离音频，并删除声音文件。将播放头定位到"00:00:04:00"位置处，在"编辑"面板中单击"标题"按钮，打开标题库，选择一种标题样式，将其沿播放头拖动到标题轨道中，如图6-39所示。

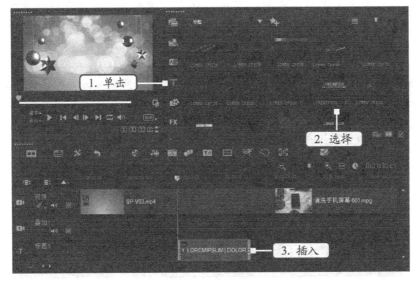

图6-39　添加标题

（3）在标题轨道中双击标题文件，预览窗口中将显示标题文本框，同时打开"编辑"面板，其默认显示时长为3秒，单击██按钮可更改显示时长，如图6-40所示。

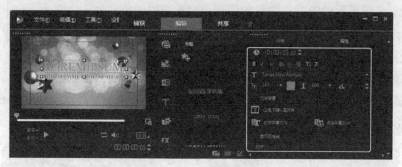

图6-40 打开"编辑"面板

（4）在"编辑"面板中设置标题文本属性，如这里取消下画线，将字体设置为"方正综艺简体"，将字号设置为"120"。单击"色彩"按钮██，在弹出的列表框中选择字体颜色选项，如图6-41所示。

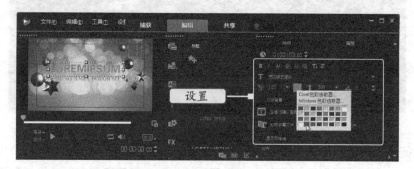

图6-41 设置主标题的文本属性

提示

在设置字体颜色时，单击"色彩"按钮██，在弹出的列表框中选择"Corel色彩选取器"或"Windows色彩选取器"选项，在打开的相应对话框中可选择更多的颜色选项。

（5）选择副标题文本框，然后在"编辑"面板中设置副标题的文本属性，包括字体、字号和颜色，如图6-42所示。

图6-42 设置副标题的文本属性

（6）双击标题文本框，将鼠标指针插入文本框内，输入所需文字内容。然后在文本框四周单击鼠标左键选择文本框，拖动鼠标，将文本框移动到视频画面的中间位置，如图6-43所示。

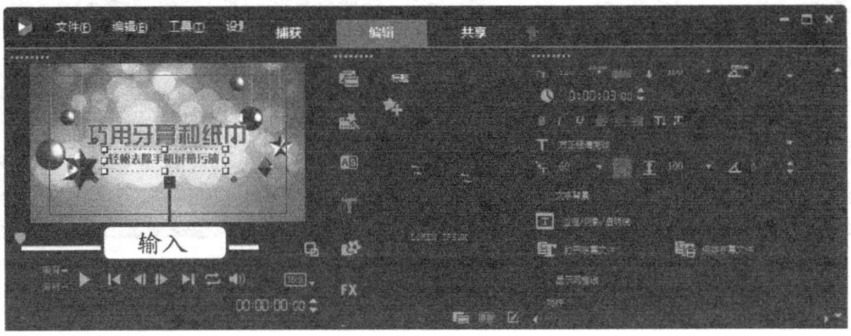

图6-43　输入标题文字

提示

在“编辑”面板中单击选中“文字背景”复选框，可设置文字背景，即填充文本框；单击按钮，可设置文字的边框、阴影和透明度属性；“对齐”栏则可快速设置标题在视频画面中的对齐方式。

（7）单击预览窗口的“播放”按钮，播放视频，可发现预置的标题具有滤镜效果，这里选择将滤镜删除。此时，暂停播放视频，在标题轨道中选择标题文件，然后单击“属性”选项卡，打开“属性”面板。选择滤镜列表框中的滤镜选项，单击“删除滤镜”按钮，如图6-44所示，将标题的滤镜效果删除。

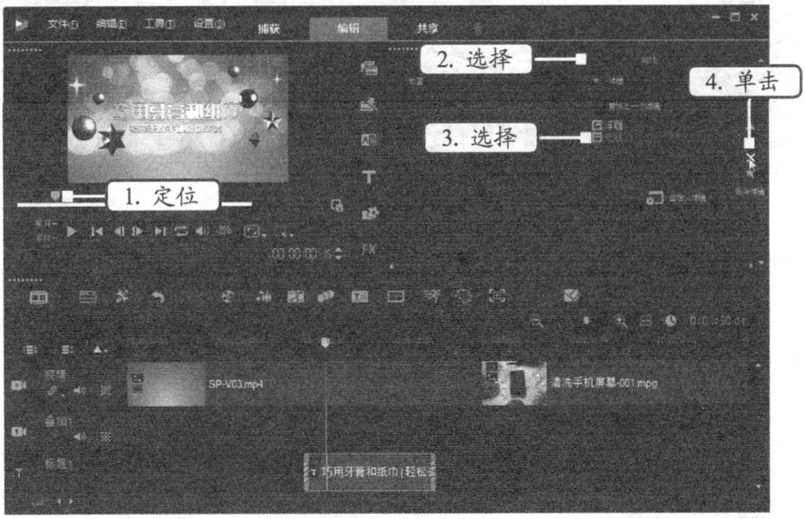

图6-44　删除标题滤镜

（8）删除滤镜后，自动选择主标题文本框。在“属性”面板中单击选中“动画”单选项，启动动画应用。然后在“选取动画类型”下拉列表框中选择一个动画类型，其对应的列表框中提供有多种预置的动画选项，并显示了动画效果，选择某个选项即可为主标题文字应用该动画效果，如图6-45所示。

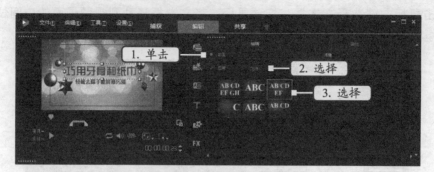

图6-45　设置主标题动画效果

提示　设置动画效果时，在预览窗口中的播放进度条上将显示 和 两个图标，其中 图标前的部分为标题进入时的动画长度， 图标后的部分为标题退出时的动画长度；中间的蓝色部分为标题静止时的时间长度。通过拖动这两个图标可以调整各部分的时间长度。

（9）选择副标题文本框，为其添加动画效果，如图6-46所示。设置动画后，单击"播放"按钮 可预览标题播放效果。

图6-46　设置副标题动画效果

提示　单击"选取动画类型"下拉列表框右侧的"自定义动画属性"按钮 ，将打开当前动画类型的相应设置对话框，可自定义动画效果，如图6-47所示。

图6-47　自定义动画效果

（三）设置转场效果

在两段视频的交汇处添加转场效果，可以使视频片段过渡平滑、自然。会声会影提供了丰富的转场效果，使用这些转场效果可以制作出专业、绚丽的视频文件。为视频片段设置转场效果的具体操作如下。

微课：设置转场效果

（1）在视频轨道中选择视频片头后的第1个视频片段，此时，播放头将自动定位到该片段
　　的起始位置。在"编辑"面板中单击"转场"按钮■，在打开的"转场"列表框中选
　　择一种转场选项，将其拖动到播放头位置处，如图6-48所示，释放鼠标，添加转场
　　效果。

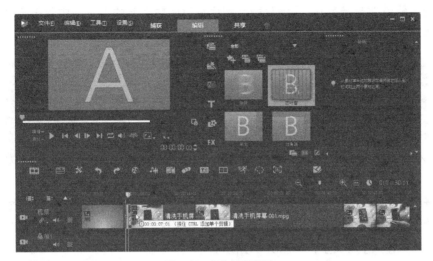

图6-48　添加转场效果

（2）添加转场效果后，可在"转场"属性面板中设置转场时长等参数，如图6-49所示。

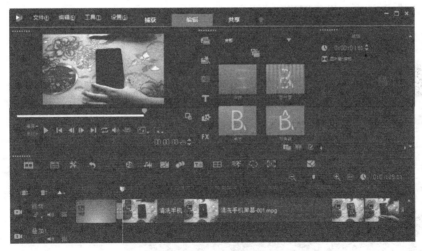

图6-49　设置转场参数

（3）使用相同的方法在其他视频片段之间设置转场效果。

提
示

　　在"转场"列表框上方单击"对视频轨应用随机效果"按钮■，可为视
频片段添加随机的转场效果；单击"对视频轨应用当前效果"按钮■，则可
为视频片段添加当前选择的转场效果。

（四）添加字幕

在播放媒体资源时，如果要为观众提供视频画面的帮助或注释性的信息，可在视频中添加字幕。本任务中，因为没有进行声音的录入，需要在视频的关键位置添加字幕，对操作进行提示说明，其具体操作如下。

微课：添加字幕

（1）在视频轨道上选择第1个视频片段，然后在时间轴上方的工具栏中单击"字幕编辑器"按钮，如图6-50所示。

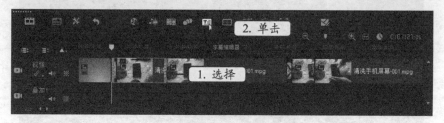

图6-50　打开字幕编辑器

（2）打开"字幕编辑器"对话框，首先在左侧面板定位加入字幕的起始位置，然后单击工具栏中的"添加新字幕"按钮█添加字幕，其默认显示时间为"3秒"，再在"字幕"文本框中输入字幕文字，如图6-51所示。

（3）单击"文本选项"按钮█，在打开的"文本选项"对话框中设置字体、字号、字体颜色、对齐方式和显示方向等参数，然后单击████按钮，如图6-52所示。返回"字幕编辑器"对话框，单击████按钮。

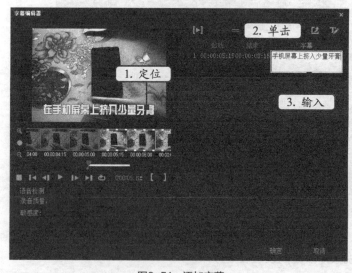

图6-51　添加字幕

图6-52　设置字幕文字的字体格式

（4）添加的字幕文件被自动插入到标题轨道中，并跳转到"标题"设置面板。双击字幕标题，在预览窗口中可修改字幕文字，在"编辑"选项卡中可更改字幕文字的字体格式，这里将文字显示时间增加为"5秒"，如图6-53所示。

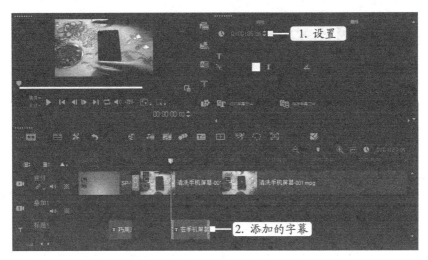

图6-53　增加显示时间

（5）单击"属性"选项卡，单击选中"动画"单选项和"应用"复选框。然后为其设置飞行动画效果，在播放进度条上将◢图标向左移动，▶图标向右移动，增加字幕文字的停留时间，如图6-54所示。

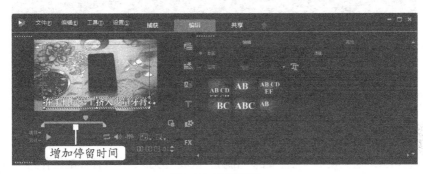

图6-54　设置动画

（6）在第2个视频片段的起始处添加"用手指将屏幕上的牙膏涂抹均匀"字幕，设置时长为5秒，并使其水平居中对齐。然后选择上一个字幕，单击鼠标右键，在弹出的快捷菜单中选择"复制属性"命令，如图6-55所示。

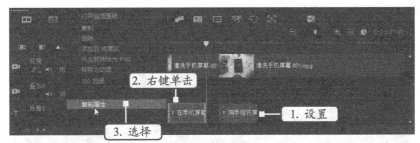

图6-55　复制字幕属性

（7）选择"用手指将屏幕上的牙膏涂抹均匀"字幕，单击鼠标右键，在弹出的快捷菜单中选择"粘贴所有属性"命令，如图6-56所示，为该字幕设置相同的动画效果。

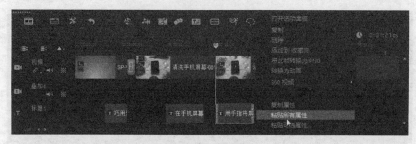

图6-56　粘贴字幕属性

提示　　　　选择"粘贴所有属性"选项可粘贴样式、动画、旋转、位置、滤镜和动作属性设置。如果在右键菜单中选择"粘贴可选属性"命令，可打开"粘贴可选属性"对话框，选择粘贴部分属性设置。

（8）利用相同的方法在其他位置添加时长为"5秒"的字幕，并调整字幕在视频画面水平居中对齐，时间轴面板的效果如图6-57所示。

图6-57　添加并设置其他字幕

（五）设置背景音乐

音效或背景音乐是视频中非常重要的一部分，能吸引观众的视频往往都具有优美的配乐，让观众观看视频的时候比较放松，能够在轻松舒适的环境下更仔细、更专注地观看完视频。下面为剪辑完的视频添加背景音乐，其具体操作如下。

（1）在"编辑"面板依次单击"媒体"按钮■和"显示库面板"按钮■，然后在库面板的空白处单击鼠标右键，在弹出的快捷键中选择"插入媒体文件"命令，如图6-58所示。

微课：设置背景音乐

图6-58　选择"插入媒体文件"命令

（2）在打开的对话框中选择背景音乐文件（配套资源：素材文件\项目六\背景音乐.mp3），

单击 打开(O) 按钮，如图6-59所示。

（3）将音乐文件导入素材库后，在音乐文件上单击鼠标右键，在弹出的快捷菜单中选择【插入到】/【音乐轨 #1】命令，如图6-60所示，将文件插入音乐轨道中。

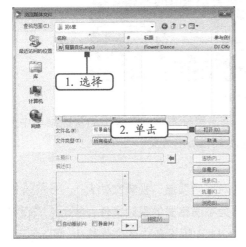 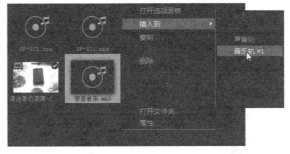

图6-59　导入音乐文件　　　　　　　　图6-60　将音乐插入到时间轴中

（4）将播放头定位到"00:00:26:00"位置处，单击鼠标右键，在弹出的快捷菜单中选择"分割素材"命令，如图6-61所示。

图6-61　分割音频素材

（5）从"00:00:26:00"位置处分割音频后，选择前面部分的音频，按【Delete】键删除，然后将后面部分的音频拖动到时间轴的起始处，如图6-62所示。

图6-62　裁剪音频并调整音频起始位置

（6）将播放头定位到"00:01:27:00"位置处，再次分割音频文件，并删除1分27秒后的音频部分，如图6-63所示。

图6-63　调整音频时长

（7）在音乐轨道中，再次选择裁剪后的音频文件，单击鼠标右键，在弹出的快捷菜单中分
　　　别选择"淡入"和"淡出"命令，为声音设置淡入和淡出效果。

（六）导出视频

　　视频制作完成后，由于其应用场合或平台不同，对视频质量、视频文件大
小和视频文件格式等要求会有所不同，需要将其输出为不同格式的视频文件，
如用于存放到计算机中的文件格式，用于保存到DV、HDV等设备中的文件格
式，以及用于上传到网络中的文件格式。下面将本任务剪辑完成的视频导出为
MP4格式，将其存放于计算机中，其具体操作如下。

微课：导出视
频

（1）单击"共享"选项卡，单击"计算机"按钮███，选择"自定义"选项，然后在"格
　　　式"下拉列表框中选择"MPEG-4[*.mp4]"选项，设置输出为MPEG-4编码标准下的
　　　MP4格式，如图6-64所示。
（2）单击"格式"下拉列表框右侧的"选项"按钮███，打开"选项"对话框，在"常规"选
　　　项卡的"显示宽高比"下拉列表框中选择"16:9"选项，单击███确定███按钮，如图6-65
　　　所示。

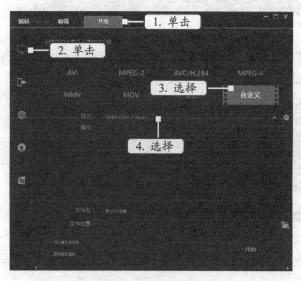

图6-64　自定义视频格式

图6-65　设置视频宽高比

（3）返回导出视频窗口，在"文件名"和"文件位置"文本框中设置导出视频的文件名称

和存放位置，然后单击 ▭▭▭▭ 按钮，开始导出文件。完成导出后，视频文件被添加到素材库中，如图6-66所示。打开文件在计算机中的存放位置，可查看导出的视频文件，如图6-67所示（配套资源：效果文件\项目六\清洗手机屏幕.mp4）。

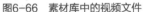

图6-66　素材库中的视频文件

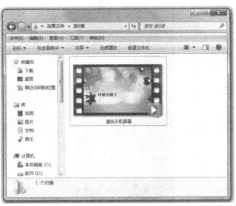

图6-67　查看导出的视频文件

三、相关知识

会声会影的操作方法多种多样，通过不同的设置或操作方法，能够实现相同的视频剪辑效果。同时，会声会影提供了多种输出方式，以满足用户的不同需要。用户不仅可以将视频导出到计算机中，也可以将视频输出到社交网站，或刻录为DVD光盘等。下面将对视频编辑与导出的相关知识进行补充介绍。

（一）单素材修整

在素材库中双击素材文件，或在文件上单击鼠标右键，在弹出的快捷菜单中选择"单素材修整"命令，打开"单素材修整"对话框。首先在缩略图中单击鼠标，定位起始位置，单击"设置开始标记"按钮 ▮，再定位结束位置，单击"设置结束标记"按钮 ▮，开始标记和结束标记之间的视频片段被截取保存，如图6-68所示。

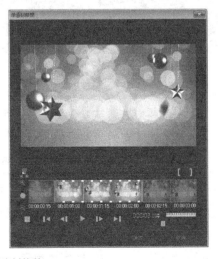

图6-68　单素材修整

（二）展开预览窗口裁剪视频

在预览窗口中单击进度条右侧的"扩大"按钮 ，展开预览窗口，可以更清楚地查看视频效果。然后通过预览窗口设置视频的"开始标记"和"结束标记"，对视频进行裁剪，如图6-69所示，再次单击 按钮，可最小化预览窗口。

图6-69　通过预览窗口裁剪视频

（三）使用"多重修整视频"窗口裁剪视频

在会声会影中可通过"多重修整视频"窗口快速、精细地对视频进行裁剪。在视频轨道的视频文件上单击鼠标右键，在弹出的快捷菜单中选择"多重修整视频"命令，如图6-70所示，在打开的对话框中单击 确定 按钮，将素材的属性重置为默认设置，如图6-71所示。

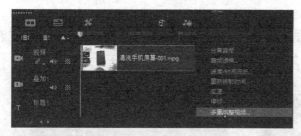

图6-70　选择命令

图6-71　确认重置

提示　进行多重修整视频，需要重置素材的属性设置，如色彩、对比度、饱和度和声音等的调整。因此，编辑视频首先应对视频进行裁剪，因为当进行了相关属性设置后，多重修整视频时视频仍然会重置为默认设置。

此时，将打开"多重修整视频"窗口。其中，"快速搜索间隔"栏用于设置视频间隔时间，如设置为"0:00:15"，视频在右侧的修整面板中被分隔为0.15秒、0.45秒的视频片段，单击 按钮可调整间隔时间的长短。在修整面板中，单击下方的"设置开始标记"按钮 ，添加视频的开始标记。按空格键播放视频，在需要裁剪的大致位置处，再次按空格键暂停播放，然后单击视频片段画面，准确定位视频位置，单击"设置结束标记"按钮，设置结束位置。此时，开始标记和结束标记之间的视频片段被截取保存，并显示到"修整的视频区间"面板中，如图6-72所示。利用相同的方法在其他位置处设置开始标记和结束标记，可截取其他视频片段。

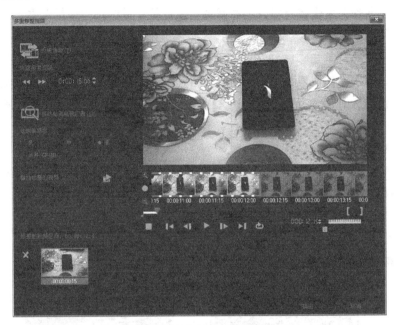

图6-72　设置开始和结束标记完成视频截取

（四）按场景分割视频

如果一个视频素材非常大，在处理时常常需要分割为多个素材，这时可以使用会声会影提供的按场景分割功能进行分割。在素材库的视频文件上单击鼠标右键，在弹出的快捷菜单中选择"按场景分割"命令，打开"场景"对话框。单击 扫描(S) 按钮，开始按场景检测扫描，扫描到的场景将被显示到"检测到的场景"列表框中，如果其中有不需要的内容，可以取消选中该场景的复选框，如图6-73所示。最后单击 确定 按钮，即可将视频素材分割成多个视频片段，并添加到时间轴中。

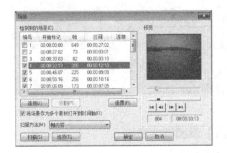

图6-73　按场景分割视频

"场景"对话框中各主要选项的含义如下。

● 连接(J) 按钮：扫描视频后，选择第1个视频片段后的其他视频，该按钮可用。单击该按钮，当前选择的视频片段与前一个视频片段合并。如在"检测到的场景"列表框中选择第7个场景，单击 连接(J) 按钮将对第7个场景与第6个场景进行合并。

● 分割(P) 按钮：单击该按钮可以将连接后的场景重新分割。

● 重置(R) 按钮：单击该按钮可以删除所有检查到的场景，恢复原素材。

● "将场景作为多个素材打开到时间轴"复选框：单击选中该复选框，按场景分割的视频片段才会被插入到时间轴中。

● 选项(I) 按钮：单击该按钮，将打开"场景扫描敏感度"对话框，用于设置扫描场景的敏感度，其取值范围为0~100。值越小，系统就越可能把两个场景作为一个场景；值越大，就越可能把一个场景分割为两个场景，因此应设置合适的敏感度数值，一般设置为70~75。

（五）校正视频素材

如果在使用数码摄像机进行拍摄时没有设置白平衡或设置的白平衡有误，拍摄出来的画面就会产生偏色现象，此时可以通过会声会影的色彩校正功能调整视频的色彩以纠正偏色。在时间轴中双击视频素材，打开选项面板，单击"校正"选项卡。单击选中"白平衡"和"自动调整色调"复选框，单击复选框右侧的下拉按钮，在弹出的下拉列表框中选择对应选项，自动调整白平衡和色调，如图6-74所示。

图6-74　校正视频白平衡与色调

校正视频的前后对比效果如图6-75所示。

图6-75　校正视频的前后对比效果

（六）添加视频滤镜

视频滤镜是可以应用到视频素材中的效果，使用它可以改变视频的样式和外观。它与Photoshop中的滤镜功能类似，只是Photoshop中的滤镜效果是静态的，而会声会影中的滤镜效果则是动态的。添加视频滤镜的操作很简单，在时间轴面板中选择视频素材后，在"编辑"窗口中单击"滤镜"按钮 **FX**，选择某个滤镜选项，并将其拖动到视频素材上，即可为该段视频添加滤镜效果。图6-76所示为视频添加"雨点"滤镜后，视频画面将出现雨点的效果。

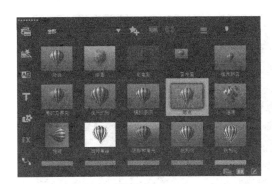

图6-76　添加"雨点"滤镜

在一个视频素材上可叠加多个滤镜，以达到不同的视觉效果。在选项面板的"效果"选项卡中取消选中"替换上一个滤镜"复选框，然后拖动滤镜到素材上，也可为其应用该视频滤镜。

（七）抓拍快照

使用抓拍快照功能，可以将视频素材中的某一帧画面单独保存下来。首先，在时间轴中选择要抓拍快照的视频素材，然后在导览面板中拖动滑块找到需要保存的画面，最后选择【编辑】/【抓拍快照】命令，当前画面被抓取并保存在素材库中，如图6-77所示。

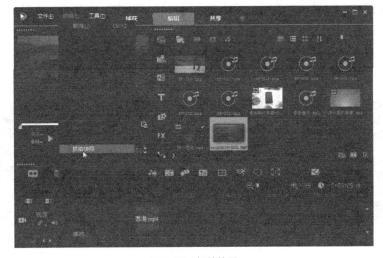

图6-77　抓拍快照

（八）叠加素材

将素材文件添加到时间轴视图中的叠加轨中，当视频轨和叠加轨的素材重叠时，可形成画中画效果。在叠加轨道中可调整素材的显示时间，双击素材文件，将打开其对应的选项面板，可对素材进行色彩校正、设置滤镜和动态效果等操作。在预览窗口中，拖动黄色的实心控制点，可调整其大小，在画面上按住鼠标左键不放并拖动鼠标，则可移动素材位置。单击鼠标右键，在弹出的快捷菜单中选择对应的选项，可快速设置素材的大小、位置和对齐方式等，如图6-78所示。

图6-78　叠加素材

（九）使用音量调节线调整音量

使用混音器可以方便地调节音频文件任意一点的音量。在工具栏中单击"混音器"按钮切换至音频视图，此时，在选项面板中将显示"环绕混音"选项卡，在时间轴面板中将显示每个轨道中声音的波形图和音量调节线。将鼠标指针移动到音量调节线上，当鼠标指针变为▓形状时，单击鼠标在音量调节线上增加一个关键点。将鼠标指针移动到关键点上，当鼠标指针变为▓形状时，如图6-79所示，向上或向下拖动鼠标，即可调整该处的音量大小。

图6-79　使用音量调节线调整音量

（十）导出视频的其他方式

会声会影提供了多种输出方式，以满足用户的不同需要。用户既可以将视频导出到计算机中，还可以将视频输出到社交网站，或用于刻录光盘等。

● 导出保存到设备的文件：在"共享"窗口中单击"设备"按钮，可以创建能够保存到DV、HDV、移动设备和游戏主机的文件，如图6-80所示。

● 上传到网络：在"共享"窗口中单击"网络"按钮，可将视频直接分享到
"YouTube""Facebook""Flickr"和"Vimeo"等社交和视频网站中，如图
6-81所示。

图6-80　导出保存到设备的文件

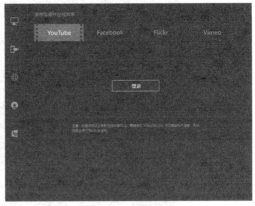

图6-81　上传到网络

● 刻录光盘：在"共享"窗口中单击"DVD"按钮，可以进行光盘刻录，包括
DVD、AVCHD及Blu-ray等格式的光盘文件。选择某个光盘刻录选项，打开刻录窗
口。"添加媒体"界面的"添加媒体"栏用于添加计算机中保存的媒体文件、会声
会影项目文件、光盘和移动设备中的媒体文件；"编辑媒体"和"高级编辑"栏用
于编辑添加的视频文件；下方的面板用于显示添加的文件缩略图，选择某个文件
后，在右侧的预览窗口中可播放该文件，如图6-82所示。单击　　按钮，进入
"菜单和预览"界面，在其中可设置菜单样式和编辑菜单内容，如图6-83所示，单
击底部的"预览"按钮，可预览菜单效果和光盘影片播放效果。单击　　按
钮，在打开的界面中单击"刻录"按钮，可开始刻录光盘。

图6-82　添加与编辑媒体文件

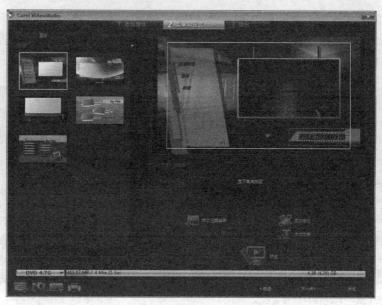

图6-83　设置光盘菜单

● 导出3D视频：在"共享"窗口中单击"3D影片"按钮■，可导出为MPEG-2、AVC/H.264和WMV格式的3D视频文件。

扩展知识——Adobe Premiere

　　Premiere是Adobe公司开发的一款专业化视频非线性编辑软件，它能配合多种硬件进行视频捕获和输出，并提供各种精确的视频编辑工具。在多媒体制作领域中，Premiere有着举足轻重的作用，能制作广播级质量的视频文件。Premiere有多个版本，图6-84所示为Premiere CC的工作界面。

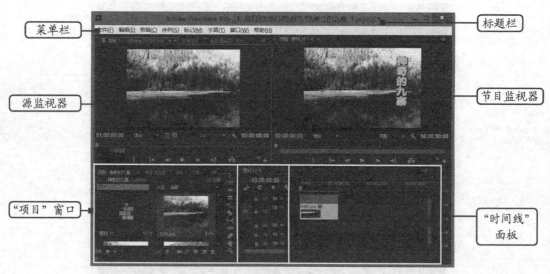

图6-84　Adobe Premiere CC的工作界面

Premiere的工作界面与会声会影的工作界面相似，编辑视频的操作也大同小异，同样具备视频的裁剪、字幕设置和动态效果设置等功能。Premiere的工作界面主要由标题栏、菜单栏、"项目"窗口、"时间线"面板、"源监视器"面板和"节目监视器"面板等部分组成。下面简要介绍Premiere各组成部分的作用和操作方法。

（一）标题栏

标题栏包含了Premiere CC的软件图标■、项目文件所在的保存位置和窗口控制按钮■■×。其中单击■图标，可在打开的下拉列表框中对窗口进行最小化、最大化、关闭等操作；单击右侧的■按钮可最小化窗口，单击■按钮可还原窗口，单击■×■按钮可关闭窗口。

（二）菜单栏

菜单栏中包含了Premiere CC中所有的菜单命令。选择需要的菜单项，可在弹出的子菜单中选择需要执行的命令，如选择【文件】/【打开项目】命令可打开"项目"对话框，选择【编辑】/【复制】命令可执行复制操作。

（三）"项目"窗口

"项目"窗口主要是用于存放采集和导入的素材，并将其显示在面板中，以方便用户在"时间线"面板中进行编辑。面板下方有9个功能按钮，从左到右分别为"列表视图"按钮■、"图标视图"按钮■、"缩小"按钮■、"放大"按钮■、"自动匹配序列"按钮■、"查找"按钮■、"新建素材箱"按钮■、"新建项"按钮■及"清除"按钮■，其中各按钮的含义如下。

● "列表视图"按钮■：单击该按钮或按【Ctrl+Page Up】组合键可以列表的形式来显示素材，在其中可查看素材的名称、入点、出点和长度等信息。

● "图标视图"按钮■：单击该按钮或按【Ctrl+Page Down】组合键可以缩略图的形式来显示素材，查看素材效果。

● "缩小"按钮■：单击该按钮，或向左拖动滑块可缩小面板中素材的显示效果。

● "放大"按钮■：单击该按钮，或向右拖动滑块可放大面板中素材的显示效果。

● "自动匹配序列"按钮■：单击该按钮，可在打开的对话框中自动将素材调整到"时间线"面板中。

● "查找"按钮■：单击该按钮，在打开的对话框中可通过素材名称、标签、标记和出入点等信息快速查找素材。

● "新建文件夹"按钮■：单击该按钮可新建文件夹，以便于将素材添加到其中进行管理。

● "新建分项"按钮■：单击该按钮可为素材文件添加分类，以便进行管理。

● "清除"按钮■：选择不需要的素材文件再单击该按钮，可将其删除。

（四）"时间线"面板

使用Premiere CC进行影视制作时，大部分的工作都是在"时间线"面板中进行的。用户可以在其中轻松地实现对素材的剪辑、插入、复制、粘贴及修整等操作，也可以在其中为素材添加各种特效。"时间线"面板主要由节目标签、时间码、时间标尺、视频轨道和音频轨道组成。

（五）"监视器"面板

在Premiere CC的工作界面中可看到两个"监视器"面板，即"源监视器"和"节目监视器"面板。在"项目"窗口或"时间线"面板中双击素材，即可在"源监视器"面板中打开素材，在其中可以查看并编辑素材，而"节目监视器"面板则是用于显示当前时间指示器所处位置时的影片，可用于预览和编辑影片。

课后练习

本项目主要介绍了使用会声会影视频编辑软件录制视频与编辑视频的方法。下面通过练习录制视频与剪辑视频巩固所学知识。

一、录制屏幕视频

本练习使用会声会影录制屏幕视频。录取内容可找取前面所学软件的相关操作，如使用Audition软件录制音频、使用美图秀秀美化"人物"图像及使用Photoshop处理图像等。首先编写出屏幕操作的提纲，然后启动会声会影并通过"实时屏幕捕获"功能录制视频。

二、制作影片集锦视频

本练习将根据提供的素材文件（配套资源：素材文件\项目六\经典影片\），制作一个经典影片的集锦视频。完成后的时间轴显示如图6-85所示（配套资源：效果文件\项目六\经典影片集锦.VSP、经典影片集锦.mp4）。

提示：首先将所有素材导入素材库，通过"单素材修整"或"多重修整视频"裁剪视频，然后将视频素材插入视频轨道，"倒计时.mov"作为片头，分离音频并设置过渡特效，最后插入背景音乐，编辑音频后导出视频。本练习中只插入了4个视频片段，用户也可插入更多的视频片段，来设计视频集锦。利用类似的方法可以制作搞笑视频的集锦、足球视频的集锦等类型的视频文件。

图6-85　制作影片集锦视频

Multi-Media

项目七
综合技能训练

本项目将通过几个案例的制作，让读者巩固多媒体元素图像、声音、视频的设计与制作。案例中多媒体设计的一般思路，可以帮助读者使用Photoshop、GoldWave、Camtasia Studio和会声会影等软件，熟练地对商业领域内的图像、视频等素材进行快速处理，创作出实用、优秀的作品。

课堂学习目标

● 巩固使用Photoshop CC编辑图像的知识

● 掌握网页广告的设计思路和方法

● 熟练掌握使用GoldWave录制音频的方法

● 熟练掌握使用Camtasia Studio录制编辑视频的操作

● 熟练掌握使用会声会影剪辑视频的思路和操作方法

任务一　制作网页广告

网页广告是广告传播的重要载体，它不受印刷的限制，能更加方便地为广告商展示商品。此外，网页广告还具有成本低廉的特点，它可以放置在一个随意的网页角落或公司官网的页面，且易于修改，易于维护，所以现在的广告商更愿意使用网页广告宣传自己的商品。

一、任务目标

本任务将使用Photoshop CC制作一则箱包网页广告。我们先使用绘图工具绘制背景，再对素材进行编辑，制作出一个圣诞优惠活动的宣传网页广告。通过本任务的学习，读者应熟练掌握选区的建立、形状工具和文字的使用及图层样式的应用等知识。网页广告完成后的效果如图7-1所示（配套资源：效果文件\项目七\箱包网页广告.psd）。

一般网页广告的放置位置有所不同，有些会放置在网页顶部，有些会放置在网页两侧。放置的位置不同，则网页广告的尺寸也有所不同。常见的尺寸有760px×100px、430px×50px、760px×100px、336px×280px、585px×120px、130px×300px、800px×600px、400px×300px和468px×60px等。由于本例制作的是占据整个网页的网页广告，因此高度设置较为随意。

图7-1　网页广告预览效果

二、任务实施

本例的制作思路大致可以分为3个部分：第一部分是启动Photoshop，并制作广告背景；第二部分是输入和编辑标题文字，绘制图形后输入说明文字；第三部分是添加素材图片并进行编辑。

（一）制作广告背景

下面启动Photoshop CC并新建文件，绘制图形再定义图案，然后在新建的"箱包网页广告"图像中绘制选区，填充形状，加入素材后制作成背景等，其具体操作如下。

微课：制作广告背景

（1）启动Photoshop CC，选择【文件】/【新建】命令，打开"新建"对话框，在其中设置"名称""宽度""高度"和"分辨率"分别为"线条纹理""3像素""3像素"和"300像素/英寸"，然后单击 确定 按钮，如图7-2所示。

（2）将前景色设置为黑色，再将画布放大到最大的效果，然后选择【图层】/【新建】/【图层】命令，在打开的对话框中保持默认设置，单击 确定 按钮，如图7-3所示，新建"图层1"。

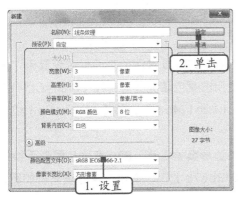

图7-2　新建文件

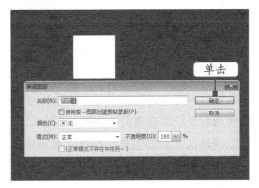

图7-3　新建图层

（3）选择工具箱中的"矩形选框工具"▦，沿画布左下角绘制一个1像素×1像素的正方形选区，按【Alt+Delete】组合键使用前景色填充选区，如图7-4所示。

（4）按【Ctrl+J】组合键复制图层，选择工具箱中"移动工具"▸，将复制的图像移动到画布中间。使用相同的方法再复制一个图层，将其移动到画布右上角，如图7-5所示。

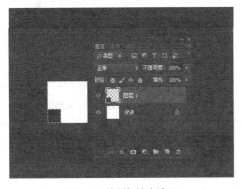

图7-4　绘制与填充选区

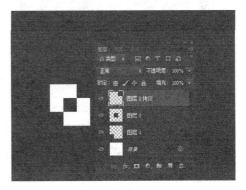

图7-5　复制图层

（5）选择【编辑】/【定义图案】命令，打开"图案名称"对话框，单击 确定 按钮，如图7-6所示。

（6）选择【文件】/【新建】命令，打开"新建"对话框，在其中设置"名称""宽度""高度"和"分辨率"分别为"箱包网页广告""1024像素""700像素"和"300像素/英寸"，单击 确定 按钮，如图7-7所示。

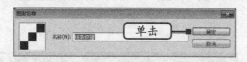

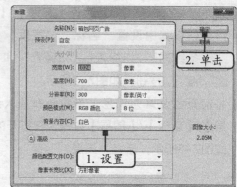

图7-6　定义图案　　　　　　　　　　　　　图7-7　新建文件

（7）选择工具箱中的"矩形选框工具" ，在图像下方建立选区，将前景色设置为"黄色
（#fecf0d）"，按【Alt+Delete】组合键使用前景色填充选区；按【Shift+Ctrl+I】组
合键反向建立选区，将前景色设置为"紫色（#2b174c）"，按【Alt+Delete】组合键
使用前景色填充选区，如图7-8所示。

（8）取消选区，新建图层。选择工具箱中的"多边形套索工具" ，在紫色图形下绘制一
个三角形选区。将前景色设置为"绿色（#18b67b）"，使用前景色填充，如图7-9
所示。

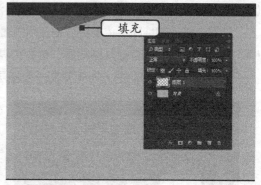

图7-8　绘制与填充选区　　　　　　　　图7-9　新建图层并绘制与填充选区

（9）取消选区，新建图层。选择【编辑】/【填充】命令，打开"填充"对话框，在其中
设置"使用"为"图案"，再在"自定图案"下拉列表框中选择之前定义的"线条纹
理"选项，设置"不透明度"为"20"，单击　确定　按钮，如图7-10所示。

（10）选择【文件】/【置入】命令，置入"圣诞吊球.png"图像（配套资源：素材文件\项
目七\网页广告\圣诞吊球.png），如图7-11所示。

提
示　　　由于使用纯色填充的背景颜色看起来比较单调，没有质感，所以这里需
要使用之前定义的图案填充图像以增强背景效果，这种背景修饰手法应用比
较常见。

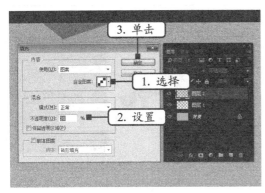

图7-10 填充图案

图7-11 置入图片

（11）按【Ctrl+T】组合键，将"圣诞吊球"图像缩小，如图7-12所示。

（12）选择导入的"圣诞吊球"图层，再双击该图层，打开"图层样式"对话框。单击选中"投影"复选框，设置"不透明度"和"角度"分别为"57"和"60"，单击 ☐ 确定 ☐按钮，如图7-13所示。

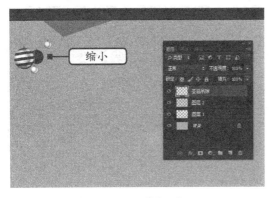

图7-12 缩小图像

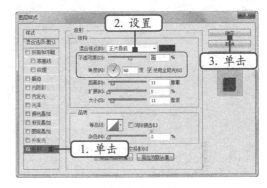

图7-13 设置投影

（二）输入并编辑文字

在制作好广告背景后，用户就可以根据广告需要输入宣传文案中的宣传主题并对输入的文字进行编辑，其具体操作如下。

微课：输入并编辑文字

（1）新建一个空白文件，在其中输入文字，并设置"字体""字体大小"和"颜色"分别为"汉仪方叠体简""30点"和"#2b174c"，如图7-14所示。

（2）选择文字图层，选择【窗口】/【字符】命令，打开"字符"面板，通过设置字符的比例间距，缩小字符之间的间距，如图7-15所示。

提示

由于编辑效果字会生成很多图层，为了方便编辑，也可以新建一个图像文件夹单独制作效果字。

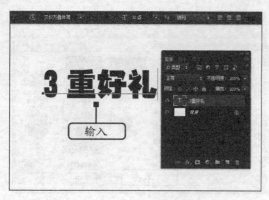 

图7-14 输入文字   图7-15 缩小字符间距

（3）选择文字图层，再选择【图层】/【栅格化】/【图层】命令，将图层栅格化。使用黑色填充"背景"图层，如图7-16所示。

（4）选择文字图层，选择【编辑】/【变换】/【透视】命令，调整文字的透视效果，如图7-17所示，按【Enter】键确定调整。

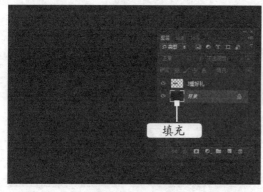

图7-16 填充背景   图7-17 文字透视效果

（5）双击图层，打开"图层样式"对话框。在其中单击选中"斜面和浮雕"复选框，设置"大小"和"软化"分别为"4"和"3"，单击 确定 按钮，如图7-18所示。

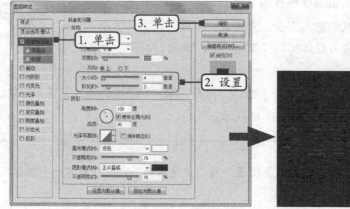 

图7-18 设置斜面和浮雕

（6）按【Ctrl+J】组合键，复制图层。双击复制的图层，打开"图层样式"对话框，单击选
中"颜色叠加"复选框，设置"颜色"为白色，单击 确定 按钮，如图7-19所示。

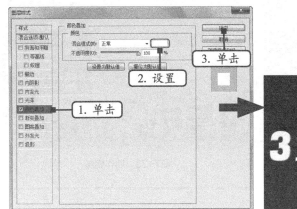

图7-19　设置颜色叠加

（7）选择工具箱中的"移动工具" ，在键盘上按一次向下键，再按两次向右键。使用相
同的方法复制6个图层，并对其进行移动，如图7-20所示。

（8）选择"3重好礼 拷贝"~"3重好礼 拷贝7"图层，按【Ctrl+E】组合键合并图层。将
"3重好礼"图层移动到合并的"3重好礼 拷贝7"图层上方，如图7-21所示。

图7-20　复制并移动图层　　　　　　　　　图7-21　合并后更改图层顺序

（9）合并"3重好礼"和"3重好礼 拷贝7"图层。选择工具箱中的"移动工具" ，将合
并的图层移动到"箱包网页广告"图像中，并将其缩小。

（10）复制图层，按【Ctrl+T】组合键，将图像向下翻转，作为文字的倒影部分。按【Enter】
键确认变换，如图7-22所示。

（11）选择"3重好礼 副本"图层，在"图层"面板中单击 按钮，新建图层蒙版，设置图
层的不透明度为"50%"。

（12）选择工具箱中的"画笔工具" ，在工具属性栏中设置"不透明度"和"流量"分
别为"20%"和"20%"。按鼠标右键并拖动鼠标对图像中的倒影部分进行涂抹，
倒影效果如图7-23所示。

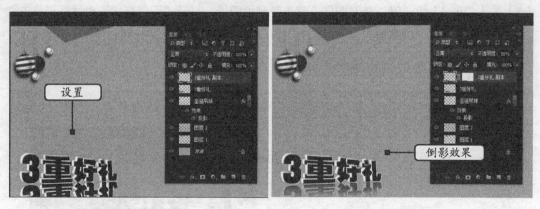

图7-22　向下翻转图像　　　　　　　　图7-23　制作倒影

提示　　在制作倒影时，一定要将倒影的根部与文字的根部连在一起，否则会出现文字漂浮的效果。

（13）选择工具箱中的"横排文字工具" ，在图像上输入"好礼相送"文字，设置"字体""字体大小""颜色"分别为"汉真广标""6点""白色"，然后旋转文字。

（14）继续输入"Gift"文字，设置"字体""字体大小""颜色"分别为"Castellar""5点""绿色（#46c595）"，然后旋转文字。

（15）继续输入"下单有好礼"文字，设置"字体""字体大小""颜色"分别为"汉仪粗圆简""7点""紫色（#44345f）"，然后旋转文字。文字效果如图7-24所示。

（16）输入"RULE"文字，设置"字体""字体大小""颜色"分别为"新宋体""5点""黑色"，按【Enter】键换行继续输入文字。选择除"RULE"以外的所有文字，设置"字体大小"为"4点"，然后旋转文字。

（17）选择工具箱中的"直排文字工具" ，在图像上输入"活动规则"文字，设置"字体""字体大小"分别为"汉仪双线体简""6点"，然后旋转文字。文字效果如图7-25所示。

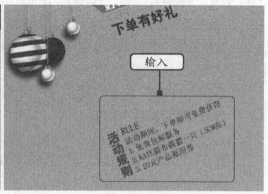

图7-24　输入并编辑活动标题　　　　　　图7-25　输入并编辑活动规则

（18）在"圣诞吊球"图层下方新建图层。选择工具箱中的"多边形套索工具" ，在图像中绘制一个选区。将前景色设置为白色，使用前景色填充选区。将图层的不透明度设置为"60%"，取消选区，如图7-26所示。

（19）双击新建的"图层3"，打开"图层样式"对话框。在"样式"栏中单击选中"外发光"复选框，设置"大小"为"43"，如图7-27所示。

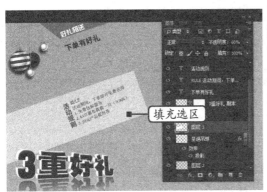

图7-26　绘制并填充选区

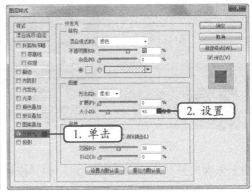

图7-27　设置外发光

（20）在"样式"列表框中单击选中"投影"复选框，设置"距离"和"大小"分别为"9"和"4"，单击　确定　按钮，如图7-28所示。

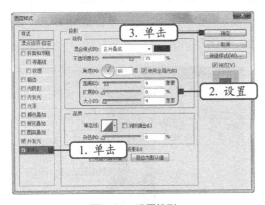

图7-28　设置投影

> 提示
>
> 为图层添加外发光，可以使位于图层上方的"活动规则"文字变得显眼一些；添加投影则可以让图像变得更加立体。

（三）加入并编辑素材

在输入文字后，用户就可以将事先收集、准备的素材图片添加到网页广告中，其具体操作如下。

（1）打开"包邮.jpg"图像（配套资源：素材文件\项目七\网页广告\包邮.jpg），选择工具箱中的"移动工具" ，将其移动到"箱包网页广告"图像中，并将其缩小。然后选择工具箱中的"椭圆选框工具" ，绘制一个正圆选区，在"图层"面板下方单击 按钮，为图层添加蒙版，如图7-29所示。

（2）将前景色设置为白色，双击图层，打开"图层样式"对话框。在"样式"栏中单击选中"描边"复选框，设置"填充类型""渐变""样式""角度""缩放"分别为

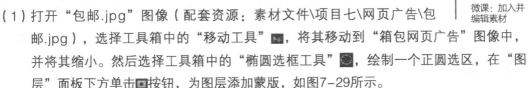

微课：加入并编辑素材

"渐变""前景色到透明渐变""角度""-90""60"，单击 确定 按钮，如图
7-30所示。

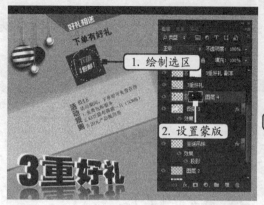

图7-29　添加素材图片

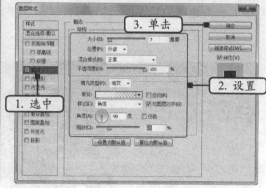

图7-30　设置描边

（3）依次打开"KATE布偶猫.gif"和"抵用券.jpg"图像（配套资源：素材文件\项目七\网
页广告\KATE布偶猫.gif、抵用券.jpg），使用相同的方法为它们添加图层蒙版，如图
7-31所示。在排列添加的两个素材图片时，一定要根据活动规则罗列出的条款来排列
图片。

（4）在"图层4"图层上单击鼠标右键，在弹出的快捷菜单中选择"拷贝图层样式"命令，
复制图层样式。在"图层"面板中选择"图层5"和"图层6"，单击鼠标右键，在弹
出的快捷菜单中选择"粘贴图层样式"命令，如图7-32所示。

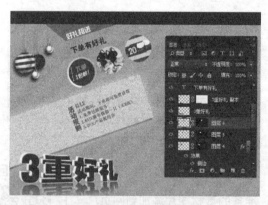

图7-31　添加其他素材图片

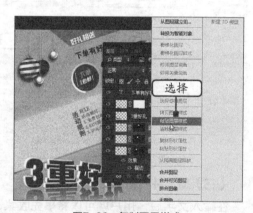

图7-32　复制图层样式

提示
　　复制图层样式的操作，经常用于制作网页界面、软件界面等经常需要使
用大量相同图层样式的情况。

（5）打开"背景.jpg"图像（配套资源：素材文件\项目七\网页广告\背景.jpg），选择工具
箱中的"移动工具" ，将其移动到"箱包网页广告"图像中，并将其缩小后移动至

右侧，设置图层的混合模式为"溶解"，如图7-33所示。

（6）选择工具箱中的"多边形套索工具" ，在"背景"图像上建立选区，按【Delete】
键，将选区中的图像删除，效果如图7-34所示。

图7-33　添加图片并设置混合模式　　　　　　　　图7-34　删除多余图像

（7）打开"登机箱.jpg"图像（配套资源：素材文件\项目七\网页广告\登机箱.jpg），选择
工具箱中的"磁性套索工具" ，对其建立选区，如图7-35所示。

（8）选择工具箱中的"移动工具" ，将"登机箱"图像移动到"箱包网页广告"图像
中，并将其缩小，如图7-36所示。

 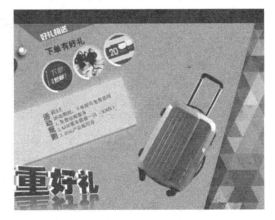

图7-35　抠取图像　　　　　　　　　　　图7-36　导入图像

 提示　　　　使用"磁性套索工具" 为"登机箱"建立选区时，需要先选择拉杆区
域，然后在工具属性栏中单击"从选区减去"按钮 。

（9）选择【图层】/【图层样式】/【描边】命令，打开"图层样式"对话框，在其中设置
"大小""位置""不透明度""颜色"分别为"8""外部""55""白色"，单击
确定 按钮，如图7-37所示。

（10）打开"钱包.jpg""书包.jpg"图像（配套资源：素材文件\项目七\网页广告\钱

包.jpg、书包.jpg），使用相同的方法抠取图像并设置描边，如图7-38所示。

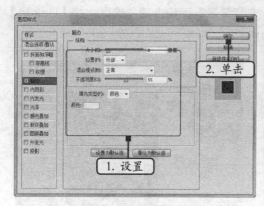

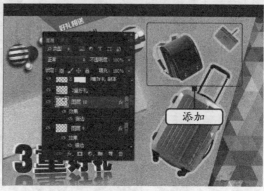

图7-37　设置描边　　　　　　　　　　图7-38　导入其他素材图片

（11）完成设置后，保存Photoshop文件。选择【文件】/【存储为】命令，打开"另存为"
对话框，将.psd文件另存为.png图片文件，如图7-39所示。

（12）通过图片浏览器查看图片的效果，如图7-40所示（配套资源：效果文件\项目七\箱包
网页广告.png）。

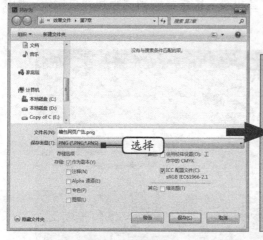

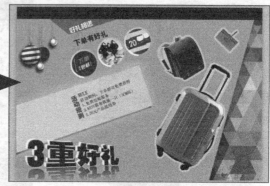

图7-39　保存文件　　　　　　　　　　图7-40　查看图片效果

三、相关知识

本任务讲解了使用Photoshop设计网页广告的一般方法。在任务实施中，选区与图层
的应用贯穿了整个制作过程。下面将重点对Photoshop中选区和图层的相关知识进行补充介
绍，并总结提升Photoshop创作能力的思维和方法。

（一）快速使用上一次的文件大小

在编辑图像的过程中，如果用户复制了一张图片存放在剪贴板中，Photoshop会将该图片
的大小默认为在新建文件时预设的尺寸。如果用户要采用上一次新建文件时的图像大小，可在
新建文件时按【Ctrl+Alt+N】组合键打开"新建"对话框，而不是按【Ctrl+N】组合键打开。

（二）精确设置选区的大小

在使用矩形选框工具或椭圆选框工具创建选区时，在工具属性栏中的"样式"下拉列表框中选择"固定大小"选项，然后在激活的"宽度"和"高度"数值框中输入数值，即可精确设置选区的大小，这样就可以按照指定的大小创建选区。

（三）精确调整选区边缘

当选择工具箱中任意一个选区绘制工具时，单击其对应工具属性栏上的 调整边缘... 按钮，在打开的"调整边缘"对话框中，用户可以对已存在的选区进行收缩、扩展、平滑及羽化等精确的调整。其中各选项的参数含义如下。

● "视图模式"栏：在其中可设置选区的预览方式。

● "边缘检测"栏：在其中可以调整选区边界的范围。

● "调整边缘"栏：在其中可以精确地调整选区边缘的平滑度、羽化值、对比度和选区边缘的位置。

● "输出"栏：在其中可以自动处理选区内图像边缘的杂色，使图像边缘更加平滑，同时可以设置调整边缘后选区的输出位置。

● 🔍、👆和✎按钮：单击🔍按钮可放大或缩小当前图像；单击👆按钮可移动当前图像显示区域；单击✎按钮可对当前图像选区的半径进行增加或减少。

● "记住设置"复选框：单击选中该复选框可保存当前调整选区边缘的设置，在调整其他选区边缘时将会自动使用保存的设置。

（四）选区与图层及路径之间的关系

选区、图层与路径是图像编辑过程中经常涉及的元素与操作，它们之间的关系如下。

● 选区：使用选框工具在图像中根据几何形状或像素颜色来进行选择，生成的区域为选区，用于指定操作对象。

● 图层：图层可以用于保存选区中的图像，即将现有的选区在图层中填充颜色或将选区内的图像复制到新的图层中，根据填充或新建的图层得到的图像轮廓与选区轮廓完全相同。

● 路径：路径通常用来处理选区。路径上的节点可以随意编辑，一般将选区转换为路径，或直接创建路径，进一步进行调整，然后转换成选区。

（五）设计作品时关于图层应用需注意的问题

用户在运用图层时注意以下几点将会对设计工作有很大帮助。

● 对于文字图层，若不需要添加滤镜等特殊效果，最好不要将其栅格化，因为栅格化后再对文字进行修改会比较麻烦。

● 一幅作品并不是图层越多越好，图层越多，图像文件就越大，因此制作过程中或制作完成后可以将某些图层合并，并删除不再使用的隐藏图层。

● 含有图层的作品最终一定要保存为PSD格式文件，以便于后期修改。同时，为防止他人修改和盗用，传文件给他人查看时可另存为TIF或JPG等格式。

（六）平面构图的原则

在平面构图过程中，为了让作品最终得到观众的认可，在设计时应使构图符合以下原则。

- 和谐：单独的一种颜色或单独的一根线条不能称为和谐，几种要素具有基本的共同性和融合性才称为和谐。和谐的组合也保持部分的差异性，但当差异性表现为强烈和显著时，和谐的格局就向对比的格局转化。

- 对比：对比又称对照，把质或量反差很大的两个要素成功地配列于一起，使人感受到鲜明强烈的感触而仍具有统一感的现象称为对比。对比能使主题更加鲜明，作品更加活跃。

- 对称：对称又称均齐，假定在某一图形的中央设一条垂直线，将图形划分为相等的左右两部分，其左右两部分的形状完全相等，这个图形就是左右对称的图形，这条垂直线称为对称轴。如果对称轴的方向由垂直转换成水平方向，则就成上下对称；如垂直轴与水平轴交叉组合为四面对称，则两轴相交的点即为中心点，这种对称形式即称为点对称。

- 平衡：在平衡器上两端承受的重量由一个支点支持，当双方获得力学上的平衡状态时，称为平衡。在生活中，平衡是动态的特征，如人体运动、鸟的飞翔、兽的奔驰、风吹草动和流水激浪等都是平衡的形式，因而平衡的构成具有动态。

- 比例：比例是部分与部分或部分与全体之间的数量关系，是构成设计中一切单位大小及各单位间编排组合的重要因素。

（七）提升Photoshop创作能力的思维和方法

Photoshop的学习不是一朝一夕的。要想熟练地掌握Photoshop的功能和操作，使设计作品达到好的视觉效果，读者不仅需要加强实际操作，拓展创作思维，还可以借鉴学习专业人士的照片处理效果。在学习过程中遇到了困惑时，读者可采取下面的渠道解决。

1．加强实际操作

俗话说："实践出真知。"在书本中学到的理论知识未必能完全融会贯通，此时就需要读者按照书中所讲的方法进行上机实践，在实践中巩固基础知识，加强自己对知识的理解，以将其运用到实际的工作和生活中。

2．加深对图像处理的理解与学习

Photoshop的功能十分强大，同一张图片采用不同的方法进行处理，达到的效果也完全不同；而采用相同的方法处理图片，若参数设置不同，其效果也会有明显的区别。此时读者就要先认识各种命令、工具的使用方法，彻底掌握它们的使用方法，明白哪种图片适合使用什么命令来进行操作，达到学以致用的目的。如以下列举的问题就需要读者深入研究并进行掌握。

- 哪些色彩搭配在一起比较好看。
- 哪些类型的图片适合添加多元化的元素。
- 图片和文字要怎么放置，版面才比较好看。

● 通过哪些滤镜的结合使用，可以制作出特殊的图像效果。

3. 善于收集和整理素材

在进行图像处理时，经常需要借助其他的图片来装饰和美化图片，用户可通过数码相机拍摄、网络搜索和购买光盘等方式进行图片的收集，以便后期进行利用。同时，用户使用后的图片也不要随意删除，最好将其进行分类整理，以便为其他效果的图像处理提供素材。当需要使用时，直接在分类好的文件夹中进行查看并选取即可，这将提高用户处理图像的效率。

4. 培养美感

处理图形图像时，用户要事先考虑图像和文字的构图、设计画面的层次、需要使用的颜色和搭配的方法，否则图像处理后的效果可能不会很理想。用户可在空余时间多看一些色彩搭配、构图等方面的书籍或进行专业的培训，提升自己在美学方面的素养。

5. 借鉴专业人士处理的照片效果

学习知识并非一味地死学，若在学习过程中遇到了不懂或不宜处理的内容，可多看看专业图形图像处理人士制作的效果，借鉴他人的经验进行学习，这不仅可以提高自己处理图像的速度，更能增加自己对图像处理的理解，提高自己的专业素养。

6. 上技术论坛进行学习

由于篇幅有限，本书对Photoshop CC的介绍不可能面面俱到，此时用户可以采取其他方法获得帮助。例如，在专业的Photoshop学习网站中进行学习，如思缘设计论坛、PS联盟等。这些网站各具特色，能够满足不同用户对图像处理的需求。

任务二　录制并编辑讲解音频

说明和讲解类的音频文件在电子商务中非常常见，主要用于产品介绍、使用说明及操作讲解等领域。在录制这类音频文件时，可以在录制视频的同时进行声音的输入。为了避免因为操作而分心，导致同时录制视频和声音的过程中频繁出现错误，或无法达到视频和声音的同步，我们有时也会分开录制视频和声音，然后将声音导入视频中，编辑后使用。

一、任务目标

本任务将使用GoldWave音频软件录制使用Fotor在线设计工具设计公众号封面时的讲解声音，最终将其应用于录制的设计公众号封面屏幕视频中。

在录制前，首先根据使用Fotor设计公众号封面的操作，撰写一份声音讲解的文字脚本，方便在录制时，根据脚本的提示快速准确地录制音频。

通过本任务的学习，读者可巩固使用GoldWave音频软件录制及编辑音频的操作方法。

二、任务实施

下面将使用GoldWave音频软件录制设计公众号封面的讲解音频。录制完成后，我们对音频文件进行裁剪、降噪等处理，使其成为一段完整、优质的音频。

（一）录制音频

下面在GoldWave中新建声音文件，然后录制讲解音频，录制完成后，
保存声音文件，其具体操作如下。

（1）启动GoldWave音频工具软件，单击"新建"按钮 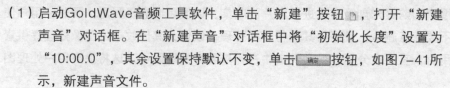，打开"新建
声音"对话框。在"新建声音"对话框中将"初始化长度"设置为
"10:00.0"，其余设置保持默认不变，单击 确定 按钮，如图7-41所
示，新建声音文件。

（2）单击控制器中的"在当前选区内开始录制"按钮 ，开始录制声音，编辑窗口中将显
示录制声音的波形，如图7-42所示。

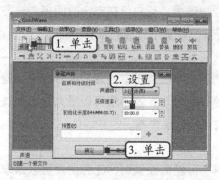

图7-41　新建声音文件　　　　　　　　　　图7-42　录制声音

（3）讲解结束后，在控制器中单击"结束录制"按钮 ，结束录制，如图7-43所示。

（4）选择【文件】/【另存为】命令，打开"保存声音为"对话框，设置文件的保存位置、
格式和文件名，然后单击 保存(S) 按钮保存声音文件（配套资源：效果文件\项目七\软
件讲解音频.wav），如图7-44所示。

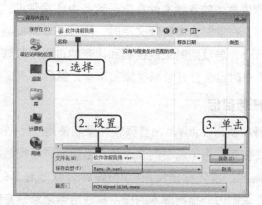

图7-43　结束录制　　　　　　　　　　　图7-44　保存声音

（二）裁剪音频文件

下面将对录制的音频文件进行剪裁处理，将空白的部分、重复的声音或
录入错误的声音删除，其具体操作如下。

（1）单击控制器中的 按钮，试听一遍声音文件，对需要裁剪的声音部分

进行判断。

（2）试听完成后，单击控制器中的"停止回放"按钮■，将播放时间返回到0秒处。在操作时可单击"放大"按钮，放大声音编辑区，以便更好地观察波形的变化，更准确地选择波形部分。然后将鼠标定位到"00:00:10"位置处，单击鼠标左键，选择"00:00:00"~"00:00:10"区间。在工具栏中单击"裁剪"按钮，如图7-45所示，将黑底部分删除。

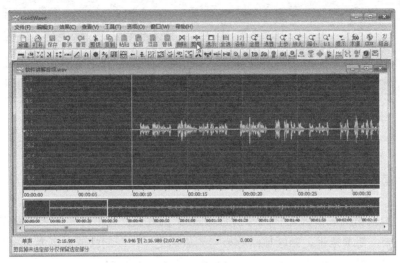

图7-45　裁剪空白部分

（3）在控制器中单击按钮开始播放音频，播放到目标位置后，单击■按钮，暂停播放。

（4）将鼠标指针定位到删除声音部分的起始处，按住鼠标左键不放，拖动鼠标选择要删除的波形范围，如图7-46所示。释放鼠标，按【Delete】键删除选择的该部分波形。

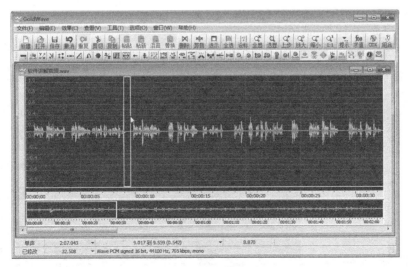

图7-46　删除空白部分

（5）继续选择其他波形部分，选择后单击"删除"按钮删除选择的声音部分，如图7-47所示。

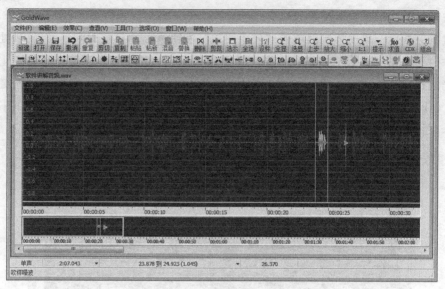

图7-47 删除其他声音

（6）利用相同的方法继续删除音频中空白的、多余的或错误的声音部分。

> 删除波形段是把选择的波形删除，而裁剪波形段是把未选择的波形删除。简单地讲，删除可以称为"删除选定"，即删除蓝底高亮显示的波形；剪裁则是"删除未选定"，即删除黑底显示的波形。

（三）设置音量效果

下面增大录制音频的音量，并添加淡入、淡出效果，其具体操作如下。

（1）在编辑窗口中选择【编辑】/【选择全部】命令，或按【Ctrl+A】组合键，如图7-48所示，选择整个音频。

微课：设置音
量效果

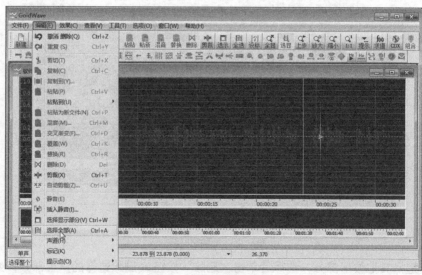

图7-48 选择整个音频

（2）选择【效果】/【音量】/【更改音量】命令，打开"更改音量"对话框，然后在"预置"下拉列表框中选择"两倍"选项，单击 确定 按钮，如图7-49所示。

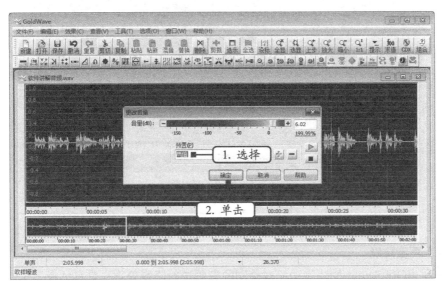

图7-49　增大音量

（3）选择开始处的一小段音频部分，然后选择【效果】/【音量】/【淡入】命令，打开"淡入"对话框。在"预置"下拉列表框中选择"50%到完全音量，直线型"选项，单击 确定 按钮，如图7-50所示。

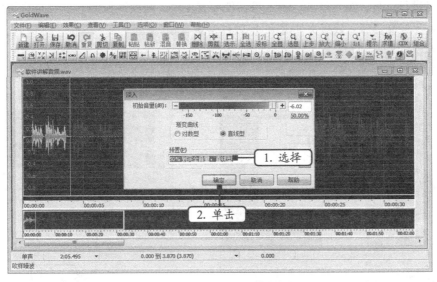

图7-50　设置淡入效果

（4）同理，选择结束处的一小段音频部分，然后为其设置"完全音量到50%，直线型"的淡出效果。增大音量，设置淡入、淡出效果后，在编辑区可发现波形的幅度发生了改变，如图7-51所示。

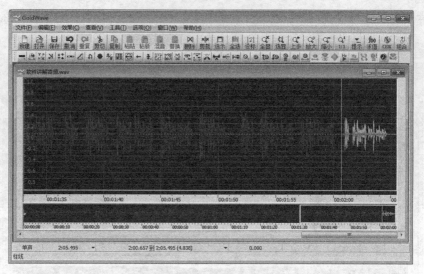

图7-51　设置音量后的效果

（四）声音降噪

下面利用GoldWave的降噪功能对录制的音频进行降噪处理，其具体操作如下。

微课：声音降噪

（1）选择全部音频，再选择【效果】/【滤波器】/【降噪】命令，如图7-52所示，打开"降噪"对话框。

（2）在"预置"下拉列表框中选择"初始噪声"选项，单击右侧的  按钮即可进行试听，然后单击 确定 按钮使设置生效，如图7-53所示。完成设置后，保存文件（配套资源：效果文件\项目七\软件讲解音频1.wav）。

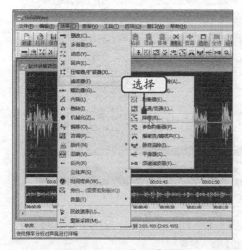

图7-52　选择"降噪"命令

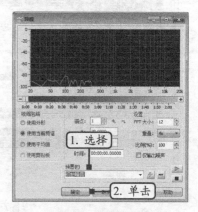

图7-53　为声音降噪

三、相关知识

用户除了可以使用GoldWave对声音进行裁剪处理，为其降噪，添加淡入、淡出效果，设置回声、延迟等特效外，还可以进行其他设置。下面将对其他常见设置和常用功能进行补充说明和介绍。

（一）控制器中3个播放控制按钮的区别

GoldWave的控制器中有3个用于控制音频播放的按钮 ▶ ■ ▶，如图7-54所示。选择部分音频，单击 ▶ 按钮，无论播放指针在什么位置，都将从头开始播放音频；单击 ■ 按钮，只播放选择的音频部分；单击 ▶ 按钮，将沿着播放指针的位置继续播放音频。

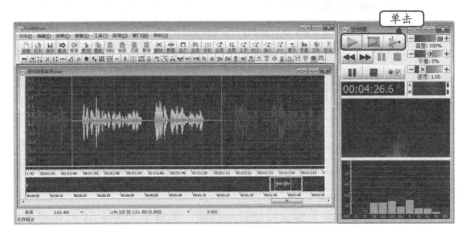

图7-54　播放控制按钮的使用

（二）剪切、复制与粘贴声音

在使用GoldWave编辑音频文件时，用户有时需要修改声音，即当读错某个字、词时，可对音频中其他位置正确的声音进行剪切或复制，然后粘贴到错误的声音位置。其中，复制是保留当前波形，复制到其他新位置，而剪切会将当前选择的声音部分删除，相当于"移动一段波形到新位置"。需要注意的是，粘贴有以下几种不同的方式。

- **粘贴**：将复制或剪切的部分波形，由选择插入点插入，加入一段波形。
- **粘新**：将复制或剪切的部分波形，粘贴到一个新文件中，保存到新文件。
- **混音**：将复制或剪切的部分波形，与由插入点开始的相同长度波形混音。
- **替换**：将复制或剪切的部分波形，替换由插入点开始的相同长度的波形。

（三）压缩器/扩展器

在录制声音的过程中，如果有几句声音用力过大，导致录制的声音失真，有几句声音又太小，听不清楚，这时就需要用到压缩器和扩展器。简单地讲，压缩器就是把高音压缩下去，扩展器就是把低音扩展上来，它们对声音的力度起到均衡的作用。选择【效果】/【压缩器/扩展器】命令，即可打开"压缩器/扩展器"对话框，如图7-55所示。其中需要理解阈值和增量这两个概念。

- **阈值**：它是指需要使用"压缩器/扩展器"来压缩和扩展的临界点，超出这个值的部分就被压缩。
- **增量**：增量的数值越大，声音过渡得越自然，听上去感觉越模糊；反之，数值越小，声音越生硬，但越清晰。

（四）均衡器

均衡器用于合理改善音频文件的频率结构，以达到较理想的声音效果。选择【效果】/【滤波器】/【均衡器】命令，打开"均衡器"对话框。在对话框中可进行增强低音、减弱低音、增强高音和减弱高音等音频均衡设置，如图7-56所示。

图7-55　压缩器/扩展器　　　　　　　　　　图7-56　均衡器

（五）文件格式转换

GoldWave具有批量转换音频文件格式的功能。选择【文件】/【批处理】命令，打开"批处理"对话框，"来源"选项卡用于添加音频文件或保存音频文件的文件夹，如图7-57所示；"处理"选项卡用于设置音频文件的音质效果，如图7-58所示；"转换"选项卡用于设置文件转换的格式，如图7-59所示；"目标"选项卡用于设置转化格式后文件的保存位置，如图7-60所示。

图7-57　添加音频文件　　　　　　　　　　图7-58　设置音频的音质效果

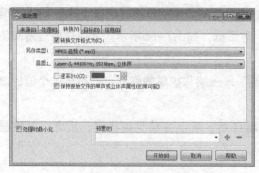

图7-59　设置文件的转换格式　　　　　　　　图7-60　设置文件的保存位置

任务三　录制与编辑软件操作视频

本任务的软件操作视频为使用Fotor设计公众号封面。电子商务领域中，微信公众平台是一个重要的营销推广平台。从营销的角度来说，微信公众号在品牌传播、宣传推广等方面都具有非常重要的意义。通过微信公众平台，商家可以更好地引导消费者了解品牌、参与互动，同时扩大信息的曝光率，在降低营销成本的基础上，实现更优质的营销。

在公众号编辑了微信推文后，要想获得更好的推广效果，除了要有好的推文内容外，设计人员还必须设计一张美观、主题明确的封面。公众号的封面不仅能够建立起清晰的账号形象，也表达了公众号的定位，同时是公众号文章内容的缩影。

公众号封面的设计工具有很多，如使用Fotor在线设计工具就能轻松设计出所需的公众号封面。Fotor定义了公众号封面的尺寸，用户只需导入相应的素材后进行编辑即可。同时，用户也可以套用Fotor提供的公众号封面模板，修改其中的内容，快速完成公众号封面的设计。

一、任务目标

本任务将通过Camtasia Studio 9录制使用Fotor在线设计工具设计公众号封面的操作视频。视频录制完成后，我们可以对视频进行裁剪、设置光标效果，并添加讲解音频等，最后导出视频文件。视频播放效果如图7-61所示，公众号封面效果如图7-62所示。

图7-61　视频播放效果　　　　　　　　　图7-62　公众号封面效果

通过本任务的练习，读者一方面可以巩固Fotor在线设计工具的一般操作方法，另一方面能更熟练地掌握使用Camtasia Studio 9进行视频录制与编辑的操作方法。

需要注意的是，在录制设计公众号封面的视频时，首先应撰写操作脚本，这里为了让视频与设计公众号封面的讲解音频同步，可根据录制音频时撰写的脚本来修改视频的录制，然后进行相关操作，提高工作效率，同时减少出错概率。

二、任务实施

下面启动Camtasia Studio 9，录制使用Fotor设计公众号封面的操作。完成录制后，根据前面录制的音频文件，对视频进行裁剪处理，然后设置光标特效、视频片头和背景音乐，最后导出视频。

（一）新建项目并录制视频

下面启动Camtasia Studio 9，新建项目，然后录制视频，完成录制后，保存文件，其具体操作如下。

微课：新建项目并录制视频

（1）双击桌面上的Camtasia Studio快捷图标 ，启动Camtasia Studio 9，进入新建界面。单击 新建项目(N) 按钮，进入Camtasia Studio主界面，然后选择【文件】/【保存】命令，如图7-63所示。

（2）打开"另存为"对话框，设置项目的保存位置和名称后，单击 保存(S) 按钮，如图7-64所示，保存项目。

图7-63　新建并保存项目

图7-64　保存项目

（3）在Camtasia Studio主界面中选择【文件】/【新建录制】命令，打开录制窗口。在"选择区域"面板单击"全屏"按钮 ，以全屏模式录制视频，在"录像设置"面板中关闭摄像头和音频录入，如图7-65所示。

图7-65　录制视屏的屏幕显示

（4）单击录制窗口右侧的 [rec] 按钮，开始录制视频。然后按照录制内容和讲解提纲的设计，在Fotor设计网站中设计公众号封面。

（5）操作完成后，按【F10】键停止录制，返回Camtasia Studio主界面。在其中可查看录制视频的时长，并预览视频播放效果，如图7-66所示，然后按【Ctrl+S】组合键保存文件（配套资源：效果文件\项目七\软件操作视频.tscproj）。

图7-66　完成录制

（二）裁剪录制的视频

录制视频后，首先需要对视频进行裁剪，删除多余和错误的视频部分。要使录制的音频和视频同步，需要依据录制音频的时长对视频进行处理。下面首先导入录制的音频文件，然后根据音频播放效果对视频进行裁剪，其具体操作如下。

微课：裁剪录制的视频

（1）在"媒体"选项卡的"媒体箱"中单击鼠标右键，在弹出的快捷菜单中选择"导入媒体"命令，如图7-67所示。

图7-67　选择"导入媒体"命令

（2）打开"打开"对话框，选择编辑后的设计公众号封面的讲解音频文件，单击 [打开(O)] 按钮，如图7-68所示。

（3）导入讲解音频文件，在文件上单击鼠标右键，在弹出的快捷菜单中选择"添加到时间轴播放头位置"命令，如图7-69所示。

图7-68　导入音频文件　　　　　　　　　图7-69　插入时间轴

（4）在时间轴的轨道中选择视频文件，然后将播放头定位到"00:00:02;02"时间处，单击"分割"按钮 ，如图7-70所示，沿播放头的位置将视频分割为两部分。选择前面的鼠标指针出现滑动的视频片段，按【Delete】键删除该片段，如图7-71所示。然后将后面的视频片段向前移动，对齐"00:00:00;00"时间处。

图7-70　分割视频

图7-71　删除多余视频片段

（5）单击 按钮，播放视频和音频文件。此时，会发现本任务中的音频还未讲解完第一步操作，视频画面已经播放到第二个步骤。因此，需要延长视频画面第一步的操作。

（6）在时间轴的轨道中选择视频文件，然后将播放头定位到"00:00:01;20"时间处，单击"分割"按钮 ，如图7-72所示，沿播放头的位置将视频分割为两部分。

图7-72 分割视频

（7）分割视频后，选择后面部分的视频片段，按住鼠标不放向右拖动，与讲解音频对应，如图7-73所示。

图7-73 移动视频片段位置

（8）选择第一部分的视频片段，单击鼠标右键，在弹出的快捷菜单中选择"扩展帧"命令，增加该视频片段的显示时间，如图7-74所示。

图7-74 扩展帧

（9）打开"持续时间"对话框，单击文本框右侧的■按钮，当时间设置为最大时，单击■按钮，如图7-75所示，增加视频片段结束位置帧画面的显示时间。

图7-75 增加画面显示时间

（10）此时，第一段视频时长增加，与后面的视频片段连接，如图7-76所示。播放视频，可观察到第一段讲解音频和视频与第一个步骤的画面同步。

图7-76　扩展帧后的效果

（11）在音频文件所在的轨道面板中，单击"锁定轨道"按钮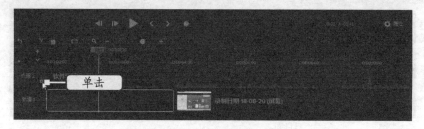，如图7-77所示。锁定该轨道的音频文件，使音频文件不可被编辑。

图7-77　锁定音频轨道

（12）选择第二段视频片段，将播放头定位到"00:00:10;00"时间处，如图7-78所示。然后拖动播放头红色的结束标记，将其移动到"00:00:12;15"时间处，如图7-79所示，按【Delete】键删除选择的视频部分。

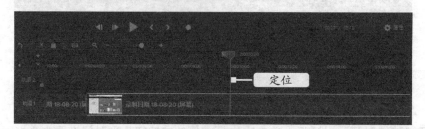

图7-78　定位开始位置

图7-79　删除选择的视频部分

提示　如果不锁定音频所在的轨道，用户选择部分视频并执行删除操作，将会在删除视频部分的同时删除播放头开始位置和结束位置之间的这部分音频。

（13）删除中间的视频部分后，选择后面的一段视频，将其向前拖动，使其与前一段视频相连，如图7-80所示。

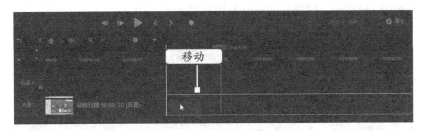

图7-80　移动视频片段位置

（14）利用前面步骤的类似方法，删除多余视频部分或扩展视频帧，完成后的时间轴效果如图7-81所示。

图7-81　裁剪其他视频部分

（15）这时可发现，视频裁剪后无法与音频同步，音频讲解完成后，视频仍然在播放，此时，就需要增加音频的空白部分，使音频和视频画面同步。单击"轨道2"面板中的"解锁轨道"按钮■解锁音频文件，再锁定视频文件所在的"轨道1"，然后将播放头定位到"0:00:18;00"时间处，单击"分割"按钮■，如图7-82所示，分割音频。

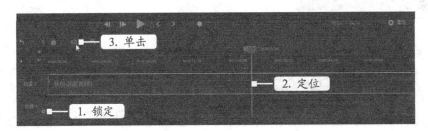

图7-82　分割音频

（16）将分割后的第二部分音频向后移动，与视频画面的操作同步，如图7-83所示。

图7-83　移动音频片段位置

（17）利用相同的方法，在其他位置分割音频，并移动音频片段位置，使其与对应的视频
画面同步。然后按【Shift】键选择所有裁剪后的视频片段，执行"拼接所选媒体"命
令，缝合视频文件，完成后的时间轴效果如图7-84所示。

图7-84　时间轴效果

（三）设置鼠标光标效果

下面设置鼠标左键单击效果为"圆环"，其具体操作如下。

（1）在左侧设置面板中选择"指针效果"选项，在展开的面板中单击"左
键点击"选项卡，然后选择"左键点击圆环"选项，按住鼠标左键不
放向右侧的视频画面中拖动，为光标添加"左键点击圆环"特效，如
图7-85所示。

微课：设置鼠
标光标效果

（2）播放视频，在画面中可查看到当鼠标左键执行单击操作时，光标样式显示为"左键点
击圆环"，如图7-86所示。

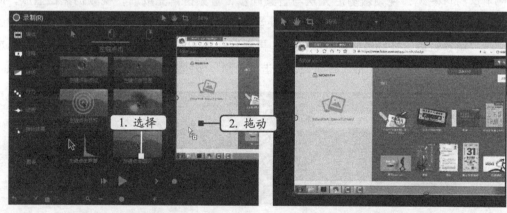

图7-85　添加左键单击效果　　　　　图7-86　"左键点击圆环"效果

（四）设置背景音乐

为了使背景音乐不影响讲解的声音，我们需要将背景音乐的播放音量减
小。下面为裁剪后的视频设置背景音乐，其具体操作如下。

微课：设置背
景音乐

（1）在"媒体箱"中执行"导入媒体"命令，导入素材音乐文件（配套
资源：素材文件\项目七\轻音乐.mp3），并将音乐文件插入到新的
轨道中。

（2）在音乐轨道中定位播放头的位置，对音乐文件进行裁剪，使音乐文件的时长与讲解音
频和屏幕视频的时长一致，如图7-87所示。

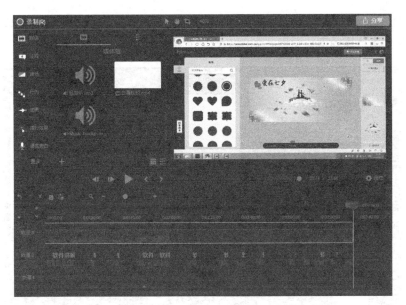

图7-87　插入背景音乐并裁剪

（3）选择音乐文件，在播放控制栏中单击 按钮，打开其属性面板。"增益"默认显示
为100%，这里向左拖动"增益"栏的滑块，或直接输入较小的数值，降低音乐文件的
音量，如图7-88所示。在设置增益值时，可播放音乐文件，以试听音乐的播放效果是
否影响讲解声音。

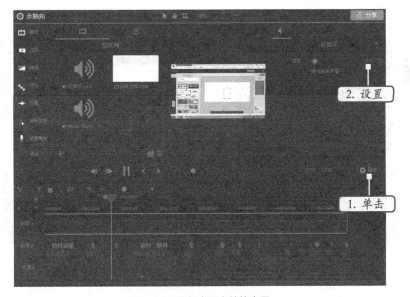

图7-88　降低音乐文件的音量

（五）制作视频片头

　　下面导入白幕视频，并添加注释作为片头标题内容；然后导入片头的背
景音乐，设置淡入、淡出的效果，完成片头的制作，其具体操作如下。

（1）导入"白幕视频.mp4"素材文件（配套资源：素材文件\项目七\白幕

微课：制作视
频片头

视频.mp4），并将其插入到时间轴面板中。然后在预览窗口中调整白幕视频的大小，使其完全覆盖播放窗口页面，如图7-89所示。

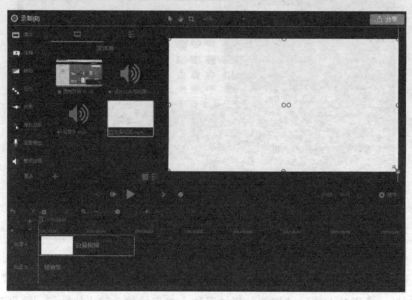

图7-89　插入白幕视频并调整画面大小

（2）在功能面板中选择"注释"选项，将鼠标指针移到注释选项上，将其拖动到右侧的视频画面中，如图7-90所示。注释文件自动被添加到新的轨道中，也可拖动文件到时间轴中生成新的轨道后释放鼠标。

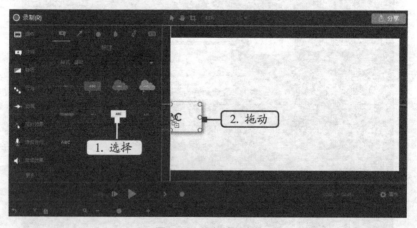

图7-90　添加注释文件

（3）在注释文本框中输入标题文字，打开其属性设置面板，单击"文本属性"选项卡，将字体格式设置为"方正粗雅宋简体、粗体、黑色、72"，然后调整文本框的大小和位置，如图7-91所示。

（4）单击"注释属性"选项卡，将形状的不透明度设置为"80%"，将轮廓填充颜色设置为"红色"，如图7-92所示。

图7-91　设置文字属性

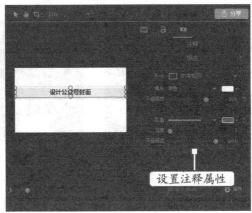

图7-92　设置注释属性

（5）在预览窗口中选择注释文本框，单击鼠标右键，在弹出的快捷菜单中选择"复制"命令，复制注释文件。然后按【Ctrl+V】组合键，粘贴注释文件，该注释文件自动被添加到新的轨道中。

（6）选择复制的注释文本框，修改文字内容，在其属性设置面板的"文本属性"选项卡中，将字体格式设置为"方正少儿简体、粗体、黑色"，然后调整文本框的大小和位置，如图7-93所示。

（7）单击"注释属性"选项卡，将形状填充和轮廓填充的不透明度设置为"0%"，如图7-94所示。

图7-93　设置文字属性

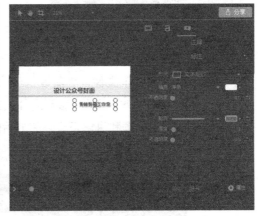

图7-94　设置注释属性

（8）在"转场"面板中拖动"梯度擦拭"选项到轨道5的注释文件上，为其添加"梯度擦拭"转场效果，如图7-95所示。然后为轨道6中的注释文件添加"梯度擦拭"转场效果。

（9）将鼠标光标移到轨道6的注释文件上，拖动鼠标使其开始端对齐轨道5注释文件转场进入结束后的位置，如图7-96所示。将鼠标光标移到注释文件尾部，当鼠标变为⟷形状时，拖动鼠标，使注释文件的结束位置对齐，如图7-97所示。

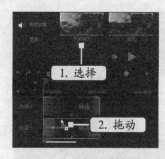 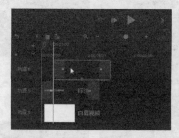 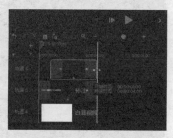

图7-95　为注释添加转场效果　　图7-96　设置副标题的开始播放时间　　图7-97　设置副标题结束播放时间

（10）调整白幕视频的时长与注释文件显示一致，然后将时间轴的播放头移动到初始时间。在"媒体"选项的"库"选项卡中选择音乐曲目文件，单击鼠标右键，在弹出的快捷菜单中选择"添加到时间轴播放头位置"命令，如图7-98所示。

（11）添加音乐曲目后，将播放头移动到轨道5和轨道6文件的播放结束位置处，然后单击工具栏中的"分割"按钮，分割音乐文件，如图7-99所示。然后将后面部分的音乐删除，使片头内容播放完后音乐停止。

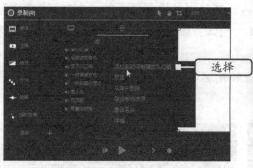 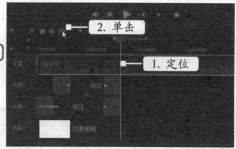

图7-98　添加背景音乐到时间轴　　　　　　图7-99　分割背景音乐

（12）选择裁剪后的音乐文件，为其设置淡入、淡出效果。最后，将录制的视频和音频文件、背景音乐的播放起始处移动到片头内容播放结束处，即当片头播放完成后，紧接着播放录制的视频和讲解声音，完成后的时间轴效果如图7-100所示，按【Ctrl+S】组合键保存文件（配套资源：效果文件\项目七\软件操作视频1.tscproj）。

图7-100　时间轴的最终效果

（六）导出视频文件

下面将录制的视频导出为MP4视频格式的本地文件，其具体操作如下。

（1）选择【分享】/【本地文件】命令，在弹出的下拉列表框中选择"本地文件"选项。

（2）打开"生成向导"对话框，在欢迎界面中选择"仅MP4（最大1080p）"选项，单击 下一步(N) 按钮，如图7-101所示。

微课：导出视频文件

（3）在打开的对话框中设置视频文件的文件名称和保存位置，如图7-102所示，单击 完成 按钮。

图7-101　导出MP4文件

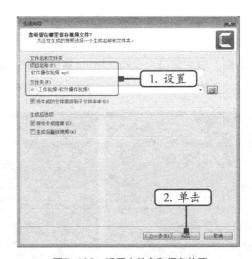

图7-102　设置文件名和保存位置

（4）开始渲染生成视频。生成视频后，进入"生成结果"界面，在其中可查看生成结果，如图7-103所示。单击 打开生成文件夹(O) 按钮，可打开生成项目所在的文件夹，在其中可查看生成的MP4视频文件（配套资源：效果文件\项目七\软件操作视频.mp4），如图7-104所示。双击MP4格式的视频文件，可启动视频播放器查看视频播放效果。

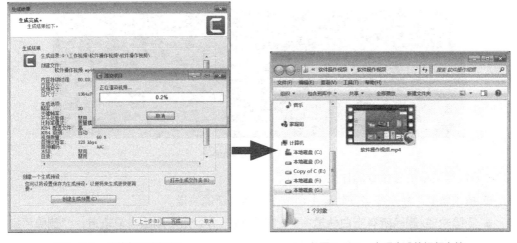

图7-103　渲染与导出视频　　　　　　图7-104　查看生成的视频文件

三、相关知识

Camtasia Studio操作的重点在于视频的裁剪和音/视频的同步。本任务中的音频时间不足，为了实现与视频操作画面同步，我们添加了空白声音。除了这种方法外，Camtasia Studio提供了添加语音旁白的功能，可用于补录声音。同时，用户在编辑视频时将频繁地使用轨道。下面将对这些相关知识进行介绍。

（一）添加语音旁白

Camtasia Studio的语音旁白功能能够帮助用户补录声音。将播放头定位到需要插入声音的时间轴位置，在设置面板中单击"语音旁白"选项卡，单击 开始从麦克风录制 按钮，如图7-105所示。此时自动播放视频，在播放过程中，跟随视频画面的变化，可录入对应的声音，单击 停止 按钮，可停止录制语音旁白，如图7-106所示。停止录制后，将打开"将旁白另存为"对话框，要求将旁白保存为.m4a格式的声音文件。保存文件后，录制的声音文件将自动插入到播放头定位的时间轴位置，如图7-107所示。

  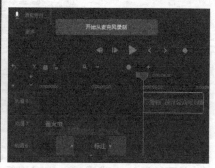

图7-105　开始录入　　　　图7-106　录入声音与停止录入　　　　图7-107　自动插入时间轴

（二）管理轨道

使用Camtasia Studio编辑视频时，用户会频繁地应用到轨道，此时可使用右键快捷菜单（见图7-108）方便地管理轨道。

图7-108　管理轨道

右键快捷菜单中各命令的作用介绍如下。

● 插入轨道：用于在当前轨道上面或下面插入新的轨道。

● 删除轨道/删除所有空白轨道："删除轨道"命令用于删除当前轨道；"删除所有空白轨道"命令用于删除所有的空白轨道。

● 重命名轨道：用于对轨道进行重命名，方便用户分辨轨道存放的各类媒体文件。

● 选择轨道上所有媒体：用于选择当前轨道上的所有媒体文件。

● 关闭轨道/锁定轨道：关闭轨道后，轨道不可用，导出文件后，不显示该轨道的内容；锁定轨道后，不可编辑轨道中的媒体，导出文件后，显示该轨道中的内容。

● 最大化轨道：将当前轨道最大化，以方便查看轨道中的媒体内容。

任务四　制作商品展示视频

商品展示视频是电商平台、商务网站中商家经常制作的一类视频。商品展示视频用于商家展示丰富的商品资源，介绍商品使用方法和效果，以及展示商品的特点和优势等。这类视频带给消费者对商品的直观感受，对商品销售具有重要作用。

一、任务目标

本练习将根据提供的素材图像文件（配套资源：素材文件\项目七\茶叶和茶具\），使用会声会影制作一个展示茶叶和茶具的短视频，视频播放效果如图7-109所示。

通过本任务的练习，读者应巩固使用会声会影编辑视频的常用操作，包括片头、字幕和背景音乐的设置，视频片段的显示时长和动作设置等；掌握通过会声会影制作各类视频的设计思路和制作流程，以及常用的操作和设置方法。

图7-109　视频播放效果

二、任务实施

在本任务中，首先利用背景图片和动态标题设计视频片头，然后导入茶叶和茶具图片，通过设置动作和标题制作视频内容，接着导入背景音乐，并对背景音乐进行裁剪处理，最后导出视频文件。

（一）设计片头内容

下面启动会声会影，导入"背景.jpg"图片，然后通过添加动态标题内容设置视频片头，其具体操作如下。

微课：设计片头内容

（1）启动会声会影，将项目文件保存为"商品展示.VSP"。在媒体库中单击"导入媒体文件"按钮■，打开"浏览媒体文件"对话框，选择"背景.jpg"图片，单击 [打开(0)] 按钮，如图7-110所示。

（2）导入背景图片后，将其插入视频轨道中，将其显示时长暂时设置为3分钟。然后在预览面板中将视频画面比例设置为"16∶9"，如图7-111所示。

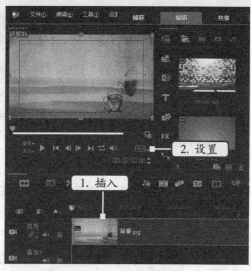

图7-110　导入背景图片　　　　　　　　图7-111　设置画面比例

（3）在时间轴添加素材后，首先将播放头定位到"00:00:01:00"位置处，在"编辑"面板中单击"标题"按钮■，打开标题库，选择缩放标题样式，将其沿播放头拖动到标题1轨道中，如图7-112所示。

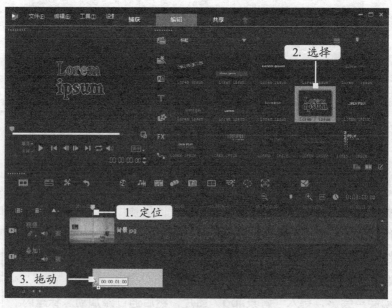

图7-112　添加标题

（4）在标题1轨道中双击标题文件，在预览窗口中删除上方的标题文本框，在保留的文本框中输入"茶"文字，然后在打开的"编辑"面板中将字体设置为"叶根友毛笔行书、40、黑色、居中"，如图7-113所示，使文字从40号开始放大，持续时间为3秒。

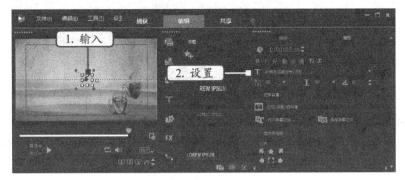

图7-113　设置主标题文字属性

（5）在"编辑"面板中单击 按钮，打开"边框/阴影/透明度"对话框。在"边框"选项卡中将外部边界设置为"0"，如图7-114所示，取消文字边框；在"阴影"选项卡中单击"下垂阴影"按钮，设置文字阴影样式，如图7-115所示。确认设置后，单击 确定 按钮。

图7-114　取消文字边框　　　　　　图7-115　文字阴影样式

（6）在标题1轨道的"茶"标题后面插入从左向右进入的标题样式，如图7-116所示。

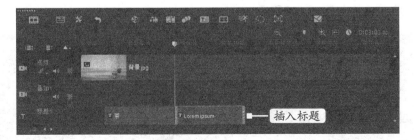

图7-116　插入标题

（7）双击插入的标题文件，在预览窗口的文本框中输入"一茶一世界"文字。在"编辑"面板中将显示时间设置为"5秒"，单击"将文字更改为垂直"按钮，使文字垂直显示，然后将字体格式设置为"隶书、95、黑色、居中"，如图7-117所示。

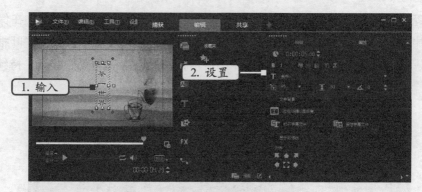

图7-117　设置副标题文字属性

（8）单击 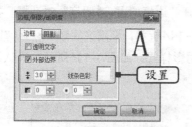 按钮，打开"边框/阴影/透明度"对话框。在"边框"选项卡中将外部边界宽度设置为"3"，线条色彩设置为"白色"，如图7-118所示；在"阴影"选项卡中单击"无阴影"按钮A，取消文字阴影，如图7-119所示。确认设置后，单击 确定 按钮。

图7-118　设置文字边框　　　　　　　　图7-119　取消文字阴影

 提示　　　　在设置标题样式时，可在标题轨道中选择标题文件，然后播放查看文字效果，反复调整标题文字属性、动画设置等效果，直到得到满意的效果。

（9）在标题1轨道中选择"一茶一世界"标题，单击鼠标右键，在弹出的快捷菜单中选择"复制"命令，如图7-120所示。

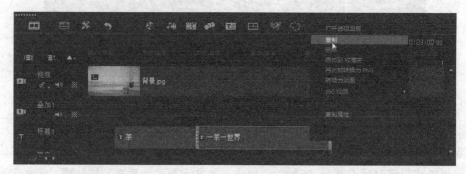

图7-120　复制标题

（10）复制标题后，将复制的标题放置到"一茶一世界"标题的后面，如图7-121所示。

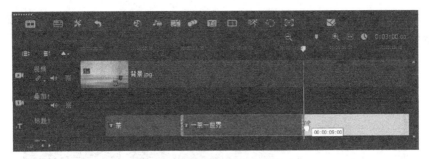

图7-121　放置复制的标题

（11）双击复制的标题文件，在预览窗口的文本框中将文字修改为"一壶一人生"，属性设
置保持默认不变，如图7-122所示。

图7-122　修改文字内容

（二）制作视频内容

下面将茶叶图片导入素材库，将图片插入叠加轨道，通过设置动作制作
视频内容，其具体操作如下。

微课：制作视
频内容

（1）在"编辑"面板依次单击"媒体"按钮和"显示库面板"按钮，
再单击上方的"隐藏视频"按钮和"隐藏音频文件"按钮，在库
面板中隐藏视频和音频文件，只显示图片文件。然后将素材图片（配套资源：素材文
件\项目七\茶叶和茶具\茶叶\）导入素材库，如图7-123所示。

图7-123　导入茶叶图片

（2）将"绿茶.jpg"图片拖动到"叠加1"轨道中，其开始位置对齐"一壶一人生"标题文件的结束位置，如图7-124所示。

图7-124　将"绿茶.jpg"图片插入叠加轨道

（3）在"叠加1"轨道中双击图片文件，在预览窗口中适当放大图片，并将其移动到视频画面上方。然后在打开的属性设置面板的"效果"选项卡中单击选中"基本动作"单选项，在"进入"栏中单击"从左边进入"按钮█，在"退出"栏中单击"从右边退出"按钮█，设置图片的动态效果，如图7-125所示。

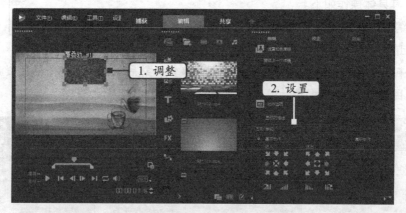

图7-125　设置图片进入与退出效果

提示　在"效果"选项卡中单击选中"显示网格线"复选框，可显示出网格线，用于精确调整图片在视频画面中的位置和大小。单击██████按钮，可快速设置图片的对齐方式和停靠位置。

（4）在预览窗口中，将滑轨标记█移动到图片开始静止的位置。然后在"编辑"面板中单击"标题"按钮■，在预览窗口中双击鼠标左键，输入"绿茶"文字。输入文字内容后，将其放置到图片左侧，文字格式和属性将自动应用为用户上一次设置的样式，如图7-126所示。

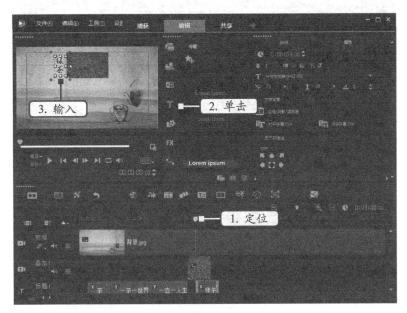

图7-126 设置副标题文字属性

（5）在预览窗口中，将滑轨标记■移动到图片结束静止，开始退出的位置。然后调整文字内容的显示时间，其结束时间对齐图片开始退出的时间，如图7-127所示。

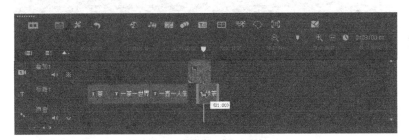

图7-127 调整文字显示时长

（6）在"叠加1"轨道上单击鼠标右键，在弹出的快捷菜单中选择"插入轨下方"命令，如图7-128所示，在其下方插入叠加轨道。

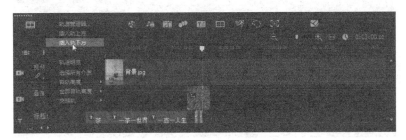

图7-128 增加叠加轨道

（7）插入"叠加2"轨道后，将"红茶.jpg"图片插入到"叠加2"轨道中，其开始位置对齐"绿茶.jpg"图片的退出位置，并调整大小和位置，如图7-129所示。

图7-129　插入图片

（8）双击插入的图片，在"效果"选项卡的"基本动作"栏中，将进入动作设置为"从右边进入"，将退出动作设置为"从左边退出"，如图7-130所示。

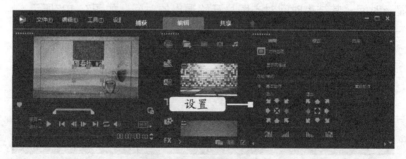

图7-130　设置图片动作

（9）复制"绿茶"标题文字，将其放置到"红茶.jpg"图片开始静止的位置，如图7-131所示。

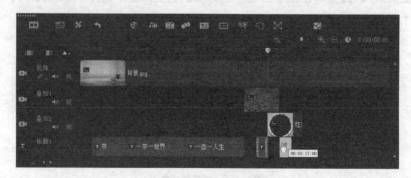

图7-131　复制标题

（10）双击复制的标题，在预览窗口中将文字修改为"红茶"，并移动位置，文本格式和属性保持不变，如图7-132所示。

图7-132 修改标题文字内容

（11）使用相同的方法插入其他图片，并设置动作和标题。使上一张图片静止时显示标题，当图片退出时，下一张图片进入。设置完成后的时间轴如图7-133所示。

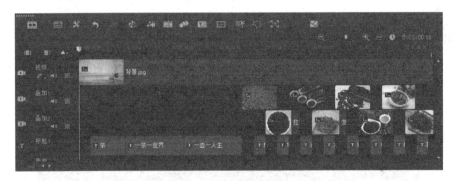

图7-133 添加其他内容

（12）将茶具素材图片（配套资源：素材文件\项目七\茶叶和茶具\茶具\）导入素材库，如图7-134所示。

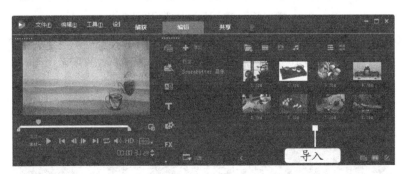

图7-134 导入茶具图片

（13）将"1.jpg"图片插入到"叠加2"轨道中，其开始位置对齐到上一张茶叶图片的结束时间。首先，在"叠加1"轨道中双击"1.jpg"图片，在预览窗口中调整图片大小和位置，然后在"效果"选项卡中单击选中"基本动作"单选项，在"进入"栏单击"从左上方进入"按钮▲，在"退出"栏单击"淡出动画效果"按钮▋▋▋，如图7-135所示。

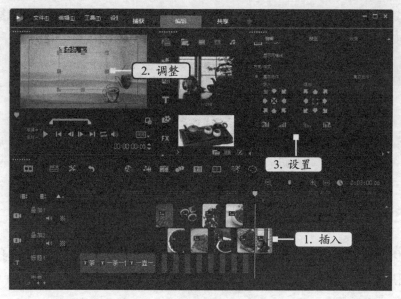

图7-135　设置进入和退出动作

（14）在"1.jpg"图片后面依次插入"2.jpg"图片～"4.jpg"图片，分别设置进入动作为
　　　　"从右上方进入""从左下方进入"及"从右下方进入"，退出设置为"淡出动画效
　　　　果"，时间轴效果如图7-136所示。

图7-136　插入其他图片并设置动作

（15）将"5.jpg"图片插入"叠加1"轨道中，进入动作设置为"从左上方进入"，无退出
　　　　动画效果，时间轴中的位置对齐"4.jpg"图片，如图7-137所示。

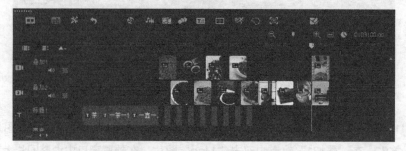

图7-137　插入"5.jpg"图片

（16）在"5.jpg"图片后面依次插入"6.jpg"图片～"8.jpg"图片，分别设置进入动作为
　　　　"从右上方进入""从左下方进入"及"从右下方进入"，退出设置为"淡出动画效

果", 时间轴效果如图7-138所示。

图7-138 插入其他图片并设置动作

（17）图片素材编辑完成后，在标题轨道中插入标题，输入视频署名信息，然后将标题显示
时长设置为"8秒"，再设置字体格式，如图7-139所示。

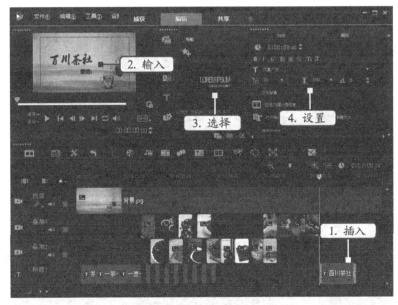

图7-139 设置视频结尾

（三）设置背景音乐

下面为剪辑完的视频添加背景音乐，其具体操作如下。

（1）在"编辑"面板依次单击"媒体"按钮█、"显示库面板"按钮█和
"显示音频文件"按钮█，在媒体库面板中显示音频文件。然后在库
面板的空白处单击鼠标右键，在弹出的快捷键中选择"插入媒体文件"
命令。

微课：设置背景音乐

（2）在打开的对话框中选择背景音乐文件（配套资源：素材文件\项目七\茶叶和茶具\背景
音乐.mp3），单击 打开(0) 按钮。

（3）将音乐文件导入素材库后，在音乐文件上单击鼠标右键，在弹出的快捷菜单中选择
【插入到】/【音乐轨】命令，将文件插入音乐轨道中。

（4）将播放头定位到"00:00:23:00"位置处，单击鼠标右键，在弹出的快捷菜单中选择
"分割素材"命令，如图7-140所示。

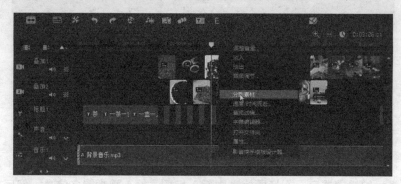

图7-140 分割音频素材

（5）分割音频后，选择后面部分的音频，然后将其移动到声音轨道中，其开始位置对齐第
一张图片的开始位置，如图7-141所示。

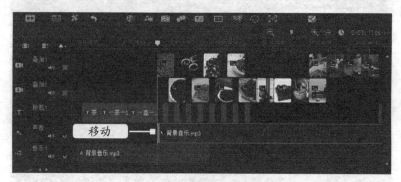

图7-141 调整音频起始位置

（6）选择"音乐1"轨道中的音频文件，执行分割操作。然后选择后面部分的音频，按
【Delete】键，如图7-142所示，删除部分前奏，使图片显示时开始播放音乐。

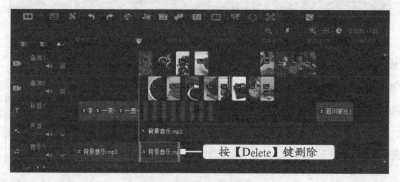

图7-142 裁剪部分前奏

（7）完成背景音乐的编辑后，调整视频轨道中的图像文件和声音轨道中的音频文件的时长，
使结束位置与结尾标题的结束位置一致，如图7-143所示，然后为声音轨道中的音频文
件设置淡出效果，完成后保存文件（配套资源：效果文件\项目七\商品展示.VSP）。

图7-143　调整视频和音频时长

（四）导出视频

下面将本任务剪辑完成的视频导出为WMV格式，将其存放于计算机中，其具体操作如下。

（1）单击"共享"选项卡，单击"计算机"按钮，选择"WMV"选项。在"文件名"和"文件位置"文本框中设置导出视频的文件名称和存放位置，如图7-144所示。

（2）单击"创建自定义配置文件"按钮，打开"新建配置文件选项"对话框，在"配置文件"选项卡的"显示宽高比"下拉列表框中选择"16:9"选项，单击[确定]按钮，如图7-145所示。

（3）返回视频导出窗口，单击[开始]按钮，导出文件（配套资源：效果文件\项目七\商品展示.wmv）。

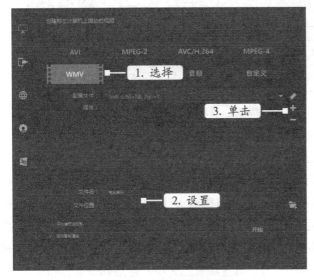

图7-144　设置视频导出配置

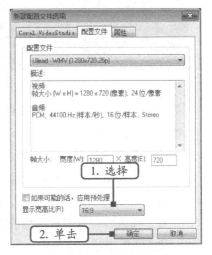

图7-145　设置视频宽高比

三、相关知识

本任务在设计片头时，将图片作为视频画面的背景，然后依次展示商品图片。在操作中，如果背景图片无法填满视频画面，或需要显示图片中的部分内容，我们可使用会声会影的"摇动与缩放"功能对当前视频画面进行缩放裁剪，保留需要的画面内容。同时，对于展示的图片，用户可为其添加边框样式。

（一）摇动与缩放视频画面

"摇动与缩放"实质上用于裁剪视频画面，以及为视频画面设置动态效果，使其在播放时，不同的时间显示不同的视频范围。

双击视频或叠加轨道中的视频片段或图像文件，打开属性设置面板，在"编辑"选项卡中单击选中"摇动和缩放"单选项，在其下拉列表框中选择预置的"摇动与缩放"选项，或单击 按钮，打开"摇动和缩放"对话框，如图7-146所示，自定义摇动与缩放效果。"原图"窗口中虚线框表示保留的画面内容，拖动虚线框中间的红色十字图标，可移动虚线框的位置，拖动四周的控制点，可放大缩小虚线框，以调整显示画面的内容，"预览"窗口则用于显示设置后的画面效果。

图7-146 "摇动和缩放"对话框

"摇动和缩放"对话框中主要选项的含义和作用如下。

● 编辑模式：包括"静态""动画"及"动态"3种编辑模式。"静态"编辑模式下始终显示虚线框中的画面内容；"动画"编辑模式下，用户可设置虚线框的移动路径，如图7-147所示，播放视频时，视频将随着虚线框的移动显示相应的画面内容；"动态"编辑模式下，用户在进度条调整定位时间，将虚线框移动到不同位置，播放时将随着虚线框的移动显示相应的画面内容。如图7-148所示。此时"预设大小"下拉列表框变为可用，用户可设置虚线框的大小，包括480P和720P。

图7-147 沿路径播放　　　　　　图7-148 动态显示画面

● 位置：用于快速定位虚线框在视频画面中的显示位置。

● 网格线：单击选中"网格线"复选框，可以在"原图"栏中显示网格线，并激活
　"网格大小"数值框和"靠近网格"复选框，这样在"原图"栏中拖动虚线框时可
　以实现自动对齐到网格线的功能，进行虚线框大小和位置的精细调整。

● 数值调整栏：包括"垂直""水平""旋转""缩放率"及"透明度"几个滑动
　条。"垂直""水平"滑动条用于设置虚线框垂直和水平位置；"旋转"滑动条用
　于调整虚线框的旋转角度；"缩放率"用于改变虚线框的大小；"透明度"用于设
　置视频画面的透明度。

提示

　　　在"编辑"选项卡的"重新采样选项"栏中单击选中上面的单选项，然
后在其后的下拉列表框中选择"保持宽高比"选项，将恢复到原图大小。

（二）设置图片边框

在叠加轨道中双击图片文件，在属性设置面板的"效果"选项卡中单击 遮罩和色度键 按钮，
可打开"遮罩和色度键"对话框。在"边框"栏的数值框中可设置边框的宽度，单击颜色图
标，在弹出的列表框中可设置边框的颜色，如图7-149所示。

图7-149 设置图片边框

扩展知识——处理视频前的准备工作

处理视频对计算机的性能及系统环境要求较高。为了使计算机更加顺畅地进行工作，在处理视频之前，用户应对计算机进行必要的优化和设置。

（一）释放系统资源

视频编辑处理软件自身所占的系统资源比较大，在采集视频、图像资源或编辑处理视频时将占用更多的系统资源。此时，我们需要释放系统中的资源，为采集和编辑处理提供更多的空间，将图像处理软件、杀毒程序及Office软件等不需要使用的应用程序关闭。

（二）释放磁盘空间

为了保证采集和处理视频资源时有足够大的磁盘空间，我们还需要对磁盘空间进行清理，如将不常用的资料和文件备份到其他盘或存储设备中，对磁盘进行清理等。

（三）优化系统

视频处理是一项很耗费资源的操作，因此我们还可以采用一些软件对系统进行优化，提高计算机的运行速度和工作效率。

（四）禁用磁盘上的写入缓存

禁用磁盘上的写入缓存，可以避免因断电或硬件故障可能导致的数据丢失或损坏。方法是在桌面的"计算机"图标上单击鼠标右键，在弹出的快捷菜单中选择"设备管理器"命令，打开"设备管理器"对话框。双击"磁盘驱动器"选项，在展开的选项中双击硬盘型号选项，如图7-150所示，在打开的对话框中单击"策略"选项卡，取消选中"启用设备上的写入缓存"复选框，然后单击 确定 按钮即可，如图7-151所示。

图7-150 "设备管理器"对话框

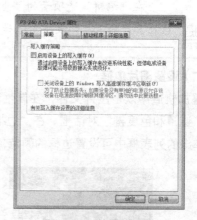

图7-151 禁用写入缓存

（五）设置虚拟内存

虚拟内存是作为物理内存的后备力量存在的。当物理内存不足时，就需要使用虚拟内存。默认情况下，虚拟内存的大小由Windows系统自动控制，但这并不是最佳方案，我们通常将虚拟内存的大小设置为物理内存大小的两倍。方法是在桌面的"计算机"图标上单击鼠标右键，在弹出的快捷菜单中选择"属性"命令，打开"系统"窗口，单击"高级系统设置"超链接，打开"系统属性"对话框，单击"高级"选项卡，在"性能"栏中单击 设置(S)

按钮，如图7-152所示。打开"性能选项"对话框，单击"高级"选项卡，在"虚拟内存"栏中单击 更改(C)... 按钮，如图7-153所示，打开"虚拟内存"对话框，在"驱动器[卷标]"列表框中选择系统盘选项，单击选中"自定义大小"单选项，然后在"初始大小"和"最大值"文本框中设置大小为内存的两倍，如内存为2GB，则输入"4092"，如图7-154所示。依次单击 确定 按钮使设置生效。

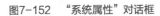

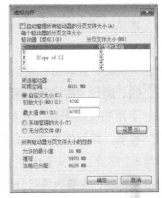

图7-152　"系统属性"对话框　　　图7-153　"性能选项"对话框　　　图7-154　设置虚拟内存

课后练习

通过下面的练习，读者可进一步掌握常用图像编辑处理软件、音频编辑处理软件和视频编辑处理软件的相关操作和使用方法。

一、制作护肤品宣传单

本练习将制作"护肤品宣传单"图像。首先启动Photoshop，打开"背景.jpg"图像，将麦田图像调整为金黄的效果，然后在其中加入素材图片（配套资源：素材文件\项目七\护肤品海报\），并使用形状工具在图中绘制形状来装饰图像，接着在其中输入文字，最后设置画笔样式，在图像中添加光点。其最终效果如图7-155所示（配套资源：效果文件\项目七\护肤品宣传单.psd）。

图7-155　护肤品宣传单效果

二、录制讲解音频与屏幕视频

本练习根据所学知识，在前面的课程中，将任意一个任务的操作内容提取成录制的脚本。根据脚本，首先使用Audition或GoldWave软件录制并编辑讲解音频；然后通过Camtasia Studio或会声会影录制相关的屏幕操作；最后将音频文件导入视频处理软件，编辑视频内容后，将视频导出到计算机中保存。

三、剪辑搞笑视频集锦

本练习将通过爱剪辑合成一个搞笑视频集锦。首先在网络中搜索并下载搞笑的视频片段素材，然后导入这些视频，根据需要裁剪、美化视频画面效果，最后通过设置转场、字幕特效合成视频，并导出视频。

四、制作"古镇黄龙溪"视频

下面将根据提供的素材文件（配套资源：素材文件\项目七\黄龙溪\）制作"古镇黄龙溪"视频，练习使用会声会影完成视频后期处理的操作。该视频可以分为片头、主要内容和片尾3个部分。片头部分主要通过一张从视频素材中截取的快照来制作，并添加滤镜、覆叠素材和标题；主要内容部分使用了视频素材和转场效果；片尾部分主要通过色彩素材、覆叠素材和标题来制作，最后导出视频文件，效果如图7-156所示（配套资源：效果文件\项目七\古镇黄龙溪\）。

图7-156　视频播放效果